教師の仕事を面白くする知恵とコツ

教師の仕事が面白い！

向山洋一 編著
長谷川博之 著
師尾喜代子 著
TOSS教師力チーム 著

騒人社

まえがき

向山　洋一

教育実習で授業をし、教師という仕事に一生をかけてもいいと思うようになった。

東京学芸大学（教員養成の大学）に入ったが、学生運動にかなりの時間を費やした。

学生運動をしていたことが（いつの間にか身に付いていたことだが）、授業でも役立ったことがある。

大学の時、学内で、通り過ぎる学生にハンドマイクで声をかける。はじめは誰も振り向かない。そのうちに

「○○君、どこに行くんだい。」

名前を入れて声をかけると、呼び止められた学生は、振り向かざるを得ない。振り向いたら、一瞬を逃してはいけない。すぐに本題に入る。

前置きなしのスピーチ開始は、学生時代のあの手この手から生まれた手法だった。

授業も同様だ。長々とした前置きの説明は、子供の理解を妨げる。端的に、大切なことを伝える方法、人を動かすための指示、活動への評価、どれも授業で役立つことばかりだった。

学生時代、教育実習担当の先生からは、

「たくさんの教育実習生の授業をみてきたが、向山君は授業が上手い。」

と言われた。「子供を惹きつける力がすごい」とも言われた。

教師になり、退職し二十年が経った。人生で一冊くらいの本は出したいとは思っていたが、単著が三百冊を超え、編著あわせるとかなりになる。今も教師の仲間たちと「教育」について語り合える場もある。

新卒から毎日、「どうしたらできない子をできるようにさせられるか」を追い続けてきた。子供を見つめ、手法を考え、実践し、記録してきた。

子供たちの成長は様々で、すぐできるようになる子もいれば、昨日できたことがまた次の日にはできないこともあった。指導を工夫し、記録し、そこから多くの書籍や教材が生まれた。全国から、その教材のおかげで子供ができるようになった、本を読んで頑張ってみようと思う等の便りが届いた。

教師志望の人が減っているのは残念だが、全国で子供の成長のために努力する教師がいることは事実である。すぐに上手くいくとは限らないが、手応えを手に入れる教師も多い事だろう。

これから教師を志す人に、日々悪戦苦闘している教師に、毎日が楽しくて仕方ない教師に、「教師の仕事が面白い」というメッセージを本書から受け取ってほしい。

ＡＩが世間を騒がせている。その時代にあっても「教師の仕事が面白い」ための知恵を絞ってほしい。

第一章

子供の成長は教師の技量に規定される

——長谷川博之のＴＯＳＳＳＮＳダイアリーから——

1 飛び込み授業——埼玉から鹿児島へ

1 誰も動かない授業のはじまり

雷のため飛行機が飛ばず、ラウンジで過ごしている。

備忘録として考えの一部を記しておく。


鹿児島空港から会場へは校長先生に、ホテルから空港へは教頭先生にお送りいただいた。

学校づくりについて、職員研修について、学級経営について、授業について、個別の対応についてじっくり話し合う時間となった。

お二人と他の先生方から、子供たちの状況を聞いた。

当日に初めて知ることが多々あった。


十分前には子供たちが授業会場である体育館に来ると聞いていた。

実際は一分前だった。

一分でできる最低限度のことをして、授業に突入した。

その場でノーチャイムだと知り、自身の iPhone で五十分間を計時することとした。

「授業時間は延ばしません」と宣言して始めた。もちろん、子供と大人へのメッセージである。

中1、二三名学級。小学校時代、複数回学級崩壊をしていると聞いた。

不規則な言動をする子供たちに耐え切れず学校に来られない子供が複数いる。

欠席がちな子供もいる。

コロナ関連で二名が欠席、計六名が不在だった。

出席停止の子供のうちひとりは元気だとのことで、オンラインで参加するよう提案した。

他に、友達とのトラブルで午前中は保健室でずっと泣いていた女子がいる。説得されて授業に来た、という。

知障学級在籍で、長谷川の授業のみ例外的に参加する子供がひとり。いつも寝ているという。

別に、来年度知障学級入りが決定している、国数を取り出し指導している子供も、この日だけ国語を学級で受ける。不規則行動の塊とのこと。

ＡＤＨＤの子供ももちろんおり、父親がＰＴＡ会長とのことで、参観にいらっしゃっていた。

小学校時代に崩壊を経験している子供集団は、一目でわかる。

昨日の学級も然り。

どの子も自信を失っている。

音読の声が限りなく小さい。

作業が遅い。

男女の話し合いが成立しない。

「近所と話し合ってごらんなさい」といういわばアイスブレイク的な作業指示で、誰も動かない。

指名しても黙っている。

指名なし発表など、遠い世界の話だ。

長谷川が赴任して担任する学級の、四月の状況と非常によく似ていた。

だからこそ、「授業」が要る。

だから呼ばれたのだ、働き処だと思った。

2 授業は一コマしかない

他学年はすべて四時間で下校。

飛び込み授業のためだけに残り、しかも体育館で、知らない大人も含めた数十名に見られる。

子供たちのモチベーションは皆無に近かった。

開始一分前に体育館に入ってくる態度と表情から、それがわかった。

その場で授業を変えた。

簡単な詩の授業を冒頭に行うこととした。

簡単な自己紹介をし、コミュニケーションをとってから授業に入ろうと考えていたが、子供たちが来たのが開始一分前だったのでそれも叶わず。

全員が着席したのを見て、埼玉から来た長谷川、ということだけを述べて授業に入った。

詩を五分で終え、本題の「文学的文章の読解」に移った。
「読解スキル」の一部である。
目の前の子供たちにとっては、相当負荷の高い教材だ。
このことについては、あとに数名の参加者から問われた。
面白い詩や短歌俳句等の授業かと思いました、と。
数年前までの私なら、そのような教材を選択しただろう。
今は違う。
飛び込み授業の目的を変えたからだ。

数年前までは一言で言えば、「授業の楽しさを味わわせたい」が目的だった。
実際に、そういう飛び込み授業をたくさん行ってきた。
それを変えた。
「当該校の『それから』に役に立つ授業をする」が目的となった。

面白い教材を用いて、軽快な授業で楽しませるのは悪いことではない。
自身の現場なら、私もよく行う。
だが、それだと一時間の終了と共に子供たちの学びが終わってしまう。

楽しかった、で終わるのだ。

しかも、いや、こちらがより重要なのだが、指導困難な現場の場合、私のする授業と日常の授業者の授業との差が開ければ開くほど、子供たちが苦しむことになるのだ。

授業者も然り、である。一歩間違えば、両者の関係性が更に悪化する恐れもある。


ならばこちらのすることは決まる。

「いかにシームレスな授業を提供するか」である。

日常と非日常の接続である。

授業が一時間の営みでなく、年間をとおして子供を育んでいく営みであることを踏まえ、子供たちにも職員にも配慮をしつつ、派手なパフォーマンスを抑制しつつ、「たった一人の例外もなく」学習に取り組む授業を展開する。

それが課せられた仕事と捉えた。


以上の考えから、「読解スキル」の活用を決めた。

もちろん、読解力を高めるには教科書の文章だけでは足りない。

多読が要る。

多くを読みながら、読み解きのスキルに習熟する。

このトレーニングがあって初めて、初見の文章をその場で理解し設問に答える力がつく。

そのための優れた教材がある、と示すねらいもあった。

だが、それは二の次三の次の話だった。

来る日も来る日も授業はある。

どの教科でも扱うような定番の教材、「あの教材だからあのような授業になるんだよね」と思わせない、イベントに逃げ込まない教材が必要なのだった。

しかも1時間でゴールまで示す。

彼らと私との授業はこのひとコマしかないからだ。

以上をひっくるめて、「読解スキル」に決めた。


見開き2ページの長文である。

通読するにも時間がかかる。

しかし、音読も満足にできない文章を読解するなど不可能に近い。

どれだけ時間を費やしても、行う必要があった。

個々に通読させたあと、私、個、集団の一文交代読みを行った。

これで十分が過ぎた。


「その1」に書いたとおり、課題の多い集団である。

イレギュラーも当然起こり得る。

なにせ日頃は個別授業を受けていて、しかも毎時間熟睡してしまう子供たちまで参加しているのだ。

大勢の参観者が集った、体育館という非日常空間では、何が起きてもおかしくない。

パニックになる、飛び出す、暴言を吐く。

直前に聞いたそれらの事態まで想定しておく必要があった。

知障学級で授業を受けているふたりが傷つかない、のみならず、最後は自力で正答する授業をしよう。

その思いで、残りの三十五分弱をマネジメントした。


前半と後半では、子供たちの様子が着実に変化したように思う。

「先生問題」で私自身がギアチェンジして以降は作業スピードも反応速度も、そして発言の声量も上がった。


結果として、前述の二名は一睡もしなかった。

しかも、最終問題を自力で正答した。支援なしに、だ。

向山洋一先生に教わった赤鉛筆指導（※）の果てに、である。

ＡＤＨＤの子供も、近所とは関わらないが、何度も「難しい」と呟きながらも正答した。

やんちゃ度の高い男子たちも、時折発言をしつつ、最後までついてきた。

※赤鉛筆指導とは、教師が、問題が分からない学習者のノートに、赤鉛筆で薄く答えなどを書き、学習者がそれをなぞることにより、理解したり、作業したりできる指導法。

3　授業終了後

終了直後、女子たちが寄ってきた。

午前中ずっと保健室で泣いていたという子供が口火を切った。

「一瞬で終わった。先生、鹿児島に引っ越してください」

別の女子が言った。

「すっごくわかりやすかった。もう終わりって感じでした」

また別の女子が言った。

「体感十五分でした。面白かったです。また受けたいです」

この子は指名なし発表を求めた際、唯一挙手し発言した生徒だ。

最後まで会場に残っていた「りょうちゃん」（特別に授業に参加したひとり）が言った。

「難しかったけど、できた。先生、またテニスも教えに来てね」

一年間関わりたい、と思った。


市内、県外からの参加者に対応したのち、校長先生の案内で職員室へ向かった。

何人もの先生方が話をしに来てくださった。

子供一人一人に関する相談や、学級集団に関する赤裸々な話が続いた。

私と同年齢くらいの男性担任が絞り出すように言った。

「毎日苦しい思いをしています。苦しいです」

「不登校も増えてしまって……」

そこに養護教諭が言った。

「今日の姿が、あの子たちの本当の姿なのだと思いました。初めて見ました」

担任が重ねる。

「一斉授業であの子たちが寝ずに、奇声を上げたりせずに、あきらめずに五十分授業を受ける姿を初めて見ました」

元気の良い女教師が言う。

「あれが先生の言う『可能性』なんですね。私たちが引っ張り出さないといけないんですね！」

校長先生はこのやりとりを微笑みながら見つめていた。


知障学級で国語と数学を教えているという若い女教師からも、相談が寄せられた。

「毎日、毎時間、すぐに寝てしまうんです。少し勉強したらご褒美に体を動かさせるなどしているのですが、やる気もまったくなくて……」

支援学級での五十分の組み立て、対応の具体例、教材の活用、パーツの組み合わせ、使えるサイト等を話した。

全校の美術を教えているという非常勤の女性教師もたいそう困っていた。

時間をかけて応じた。

彼女の美術的教養等を確かめながら、授業の組み立てをこう変えたらどうか、と提案した。

懇親会の時間が迫り、暇を告げた。

応じ切れなかった職員の皆さんからの質問には、帰路空港に向かう車中で、音声収録で答えることとした。

元気溌剌とした保護者も参加され、日本のこれから、世界の未来などにも話題が及んだ。

素敵な夜となった。


七時、ホテル発。

教頭先生が空港まで送ってくださった。

途中、約束通りQ&Aの収録も済ませた。

空港に着いた瞬間、大きな雷鳴が轟いた。

飛行機は一時間遅れで離陸した。


地元熊谷に着いたら所属長に一報を入れ、午後には出勤する。

定期考査二日目だ。

生徒の下校には間に合わないが、状況を聞き、対応が必要な案件については手を打っておく。

学年の子供たちに、鹿児島の同級生たちの話をするのが楽しみでならない。

向山コメント

向山も飛び込み授業は何度も経験したが、今回の長谷川先生のような経験はないなあ。立派だ。授業後の子供たち、教師たちの言葉がすべてを語っている。

2　バーンアウト

誰もがオリンピックに出られるわけではない。
誰もが希望の職に就き、求める成果をあげられるわけでもない。
能力は平等ではない。
できることとできないことが、当たり前に存在する。
にもかかわらず多くの学校はそういう事実を覆い隠して夢を追わせる。
だから子供がバーンアウトする。

もう少し掘り下げてみる。
①資本主義社会では、その経済を回すべく、「現状を肯定しない」ことが良しとされる。
②この場合の現状にはもちろん、自分自身も含まれる。
③確たる自信を根底にもつ人間が自己否定をすることには価値がある。自信がなければ否定の連鎖は止まらない。自己肯定感など抱きようがない。
④自己肯定感が低いのは一方で、他者承認に重心が傾いている証でもある。
⑤他者にも認められず、自身も信じるに値する何かをもたない人間はどうなる。たとえば、学校現場において、どのように自己肯定感を高めるか。

⑥　学校現場もまた、「ありのまま」を許さない場のひとつである。そこでは強くあること、仲良くあること、「普通」であること、できるようになることが常に求められる。
⑦　そのような場で、たとえば⑤のような傾向の強い子供たちはいかに生きればよいのか。いかに自己肯定感を高め得るのか。
⑧　弱いままでは駄目なのか。困ったままでは駄目なのか。その状態を改善する、しないは他者が決めるべきものなのか。
⑨　教師は（自分の目で見た）「問題」を解決しようとする。その態度は常に正しいか。
⑩　どれだけエビデンスのある指導法、支援策であっても、対象が納得して取り組むのでなければ行動変容には結びつかない。言語を介して行うSST（ソーシャル・スキルズ・トレーニング）ですら、本人の内発的動機がきわめて重要であることを、私は十数年前から指摘し続けてきた。
⑪　子供自身が問題意識を抱いた時、改善の必要性に対する納得をいかに生み出すか。
⑫　二五〇〇名に関わってきた長谷川の経験則において、対等な関係性の中で知恵を出し合うことが有効な手段のひとつである。

以上のような事柄をそれなりの深さで考えながら、この冬休み期間にも家庭支援、教育相談に取り組んでいるところである。

向山コメント

子供を理解するというのは、その子供が自分をどう思っているかを知ることから始まる。
子供が納得していない指導を押し付けても子供は変わらない。

3　教え子来る

新卒時代に担任した教え子が来宅した。

時間的な制約が増え、都合を合わせるのに苦労した。

何度もオファーを受けて、本日ようやく実現した。

こちらの事情で十二時から十四時までの限られた時間であったが、その分濃密に旧交を温め得た。

別れて二十年が経過しても数々の連絡があり、会いたいと言われる。

教師冥利に尽きるという言葉があるが、まさしくこのことだと思う。

何せ、二十代前半の、まだ何の実力もなかった私を、これだけ長い間慕い続けてくれるのだ。

奇跡のようなことだ。

彼らは私以上に、当時の出来事を詳細に記憶している。

国語の授業のみならず、道徳や学活のひとコマまで覚えているのだから驚く。

私とやりとりした日記を大事に保管しているし、ほんの数枚の一筆箋までファイリングしている。

「あの時に教わったあのことが、これこれの場面で役立った」などと語る。

ただもう、感嘆した。

彼らや保護者たちにより、私は教師として育てられたのだ。

当時も確かにそう思っていた。

その思いが、今では揺るぎない確信に変わっている。

この恩義は、先へ先へと送っていく。

そう言うと、彼らも同じ気持ちで生きると言う。

がっちり握手を交わし、再会を期して別れた。

次は大人数が集い、温泉宿を貸し切り、長谷川を囲んで飲むのだと言う。

二校目、三校目の子供たちからも同様のオファーが寄せられている。

厳しいスケジューリングが必要だが、実現したら面白い。

志士舞有志でも連れて行こうか。

そうそう、過去の教え子のうち少なくない人々が、セミナー登壇を希望している。

長谷川との日々を語りたい、先生方が知らない長谷川を語るのだ、と息巻いている。

今までにもそういう場を設けたが、これからも折を見て実現していきたいと思っている。

向山コメント

教え子が教師を語る機会は面白いよ。向山学級の子供たちがインタビューに答えて、本になり残っている。こちらが覚えていないことばかりだったよ。

4　幻聴、幻覚への対応

どこの学校に行っても同様なのだが、私のもとには毎休み時間、特別支援学級の子供たちが会いに来る。

「毎休み時間」というのは大袈裟でも何でもなく、ほんとうに毎日毎休み時間来るのだ。

しかも、自分の学年に限らず、である。

いま真面目に対応しているのは、中3男子だ。

ASD、ADHD、行為障害の診断が下りている。

彼は「卒業前に二人の教師にけりをつける」と言う。


ふたりのストレスのせいで霊が見える。

家で部屋にいると色々な色の光が見える。

それぞれの光が、二人によって追い詰められ、自殺した生徒の魂だ。

その証拠に自分と同じジャージを着ている。

自分に何とかしてほしいと訴えかけてきている。

三年間、自分も襟首を引っぱられたり、嫌な事を言われたりと大変な目に遭ってきた。

ストレスのせいで、入試にも落ちた。

だから、けりをつける。

そんな話をする。

家でも父親に厳しく叱られるなど落ち込む姿が増えているという。

「ハサミを探していた」という知らせもあった。

昨日の企画委員会で管理職他に共有し、休み時間の目を増やしている。

私と話すと落ち着くようで、ガス抜きと指導を兼ねて対応しているところである。

本日の放課後にも職員室で話し、そのまま校門を出て、母親の車まで送って行った。

彼が車に乗り込んだのを見て、母親が言った。

「先生が心の支えだと何度も言っています。妹の事も含め、いろいろと支えてくださりありがとうございます」

言いながら、目尻が光る。

親も必死なのだ。

こちらにできることはすべてやりたいと強く思う。

車を見送る。

彼も妹も見えなくなるまで手を振ってくれた。

校舎に戻る途中、他学級の保護者に呼び止められ、そのまま相談に応じた。

この家庭もまた複雑で、子供が反抗期真っ只中にあり、手が付けられない。

先日の三者面談では担任にも、「私の将来のことを軽々しく言わないで！　先生の顔を見るだけでムカつく。ゲームやりたいので早く終わりにしてよ！」と叫び、激情に駆られた担任と口論になったという。

思春期ならではの案件である。

もちろん、類例は両手でも足りない。

向山コメント

すさまじい事実だね。「長谷川先生が心の支え」という家族の状況を思うと、言葉を失う。

同時に長谷川先生に感謝する。

5　おかげさまのどまんなか

①　学級の物静かな女子が、クッキーを焼いて持って来た。
パッケージに「長谷川先生へ」と書かれていた。

「不要物」を持ち込むのは禁止されている。

よって、「没収」した。

職員室で美味しくいただき、「指導」のお手紙を認めた。

②　隣の学級の物静かな女子が私のもとを訪れた。
挨拶のほか、一言二言の会話も難しい女の子だ。

「先生、住所を教えてください」

質問に答える場面以外で彼女の声を聞いた、初めての機会だった。

③　我が「脚本部」の女子たちが、「休み中にもオンライン会議でやりとりをしたいです。先生、忘年会をしましょう」と言ってきた。
先日はＬＩＮＥ電話で四時間、セリフの検討をしたそうだ。

冬休み中に対面、オンラインで数回検討を行うこととした。

④　学年の男子が、「休み中に先生の話をゆっくり聞きたいです」と言ってきた。
年内に時間を確保し、応じることにした。

⑤
我が学級の男女十数名が一度に押し寄せた。

「お正月に先生の家に挨拶に行くことにしました！」と言う。

「行くことにしました」、なるほど既に確定事項のようだ。

しかし、残念ながら全日予定が埋まっている。

春休みに延期することにした。

⑥
学年の男子三名が来て、「お薦めの本を貸してください」と言う。

学級文庫から見繕って三冊ずつ貸した。

⑦
学級の女子が「先生と箱根駅伝の応援をしたい」と言ってきた。

どこで、と聞くと、その子の家でとのこと。

お兄さんが箱根を走った。

そのお兄さんと一緒に見る、という計画のようだ。

さすがに正月二日にお邪魔するわけにはいかない。

電話をしてもいいですかと言うので、どうぞと応えた。

⑧
大晦日から元旦にかけて私が神社で働くことを知っている子供たちが大挙して押し寄せ、「お参りにいきたいです！」と叫んだ。

「保護者が許すならば構いませんが、来ても何もありませんよ、甘酒と肉まんが振る舞われるくらいです。」と話した。

ほんとうに来る気でしょうか。

これが昨日の帰りの会終了時から脚本部ミーティングまでの七分間に起きた出来事だ。

子供たちがだいぶこなれてきたのが分かると思う。

学級崩壊を経験している子供たちだが、教育的「上書き」がうまくいっている。

全体への対応も、個々への対応も、通常の数倍必要とされる学年集団だ。

それでも、誰一人落ちこぼれることなく、落ちこぼすことなく、二学期を終えることができた。

おかげさまのどまんなか、だ。

向山コメント

長谷川先生と子供たちのやり取りが目に浮かぶ。確かに、子供たちの受け答えがこなれてきているね。

6　演劇指導

異動するたび、行事を改革している。

基本方針は「手作り」である。

企画も運営も子供が行う。

そのうえ、過程で繋がりがいっそう強固になるように仕組む。

それで個の力が大きく伸び、集団が成長する。

学年演劇。これが私の手立てである。

本日も六時間満タンで授業を行いつつ、六時間目はひとりで前に立ち、百二十名相手に授業した。

語りとキャスト決め、オーディションで五十分である。

この段階で立候補が出なかったり、出たとしても端役ばかりに群れたりすれば、挑戦は端から頓挫する。

半分は共に歩んだ十か月を信じていたが、なにせマイナス2万点からのスタートである。

不安もあった。

無意識に緊張していたようで、昨夜は久々に悪夢を見た。

蓋を開けてみれば、すべての役が次々と、即座の立候補で埋まっていった。

のみならず、大役にも複数の立候補があった。

大役への立候補の多くは、我が学級の生徒であった。

当然のこととはいえ、来し方を思えばこそ胸に迫るものがあった。
オーディションはまだ続く。
音響部の活動も始める。
自前のフットライト二本も軽トラで搬入する。
特別支援学校へのスポットライト借用も申請済である。
衣装道具類の仕事の一部は学年職員に振れるが、後はすべて独りでこなすしかない。
なぜなら、彼らはひとりとして、演劇活動を成し遂げた経験をもたないからだ。
演劇活動に挑むと、だいたいひと月で五キロは落ちる。
それだけ精神力を使う。
生活のすべてを注ぎ込むことになるからだ。
その覚悟がなければ、私の考える演劇活動はできない。

向山コメント

中学の演技指導は、小学校とはずいぶん違うようだね。向山の演劇指導のルーツは小学校一年生の時の担任だった渡辺静穂先生の影響が大きい。静穂先生は、当時では珍しい「めんこ」などをタイトルとした生活劇に取り組んでいた。都大会や全国大会に出るレベルだった。千田是也『演劇入門』ステラ・アドラーの『魂の演技レッスン22』その師匠のスタニスラフスキーにも関心があったなあ。

＊詳しくはこの目で見た向山実践とバックボーン

7 週末の指導

朝イチから四十分間にわたる生徒指導をこなした。

ワクワクドキドキの週末だ。

1

毎週のことだが、金曜日には中学生も疲れている。

そこで、校内を巡りつつ、コミュニケーションをとおして笑顔を増やすことを心がける。

他学年の、他学級の、絶賛お悩み中の生徒たちもチャンス相談に巻き込む。

彼らの表情が明るくなる、その瞬間に無上の喜びを感じる。

そんな自分をメタ認知し、教師の道を選んで良かったと再確認する。

幸福感を学年団と分かち合う。

2

学年では三年生を送る会のための飾り作りが始まった。

担当教師の呼びかけで立候補したメンバーのみならず、たくさんのボランティアが活動している。

もちろん、休み時間の取組だ。

三年の教室を彩るのが、一年の仕事だ。
今年度から学年演劇を新設したから、例年の数倍忙しくなる。
よって、飾り付けは必要最低限度とする方針を示した。
大人数で必要物をさっと作り上げ、幹となる活動に没頭したいのだ。
大小含めて乗り越えるべき課題は複数ある。
すべてを成長の糧とする、そう決めている。

向山コメント

指導はメリハリがあるといい。その方が効率もよく、効果も大きいと思うよ。

8　父親来校・メール

今週は毎日、昨年度担当した三学年の子供たちが私立高校の合格報告に訪れた。

とりわけ担任した子供たちは朝から職員室にすっ飛んできた。

中に、R男がいた。

父親も来校した。巨体が小さく見えるくらい頭を下げるので、やめてくださいと笑った。

帰宅後にはメールも届いた。

「誰よりも長谷川先生からのおめでとうの一言が嬉しく、ありがたく、心に響きます」

「中学校生活は短いですが、息子の人生はまだ長いので、重荷かもしれませんが、今後も息子の支えになって頂けたら嬉しいです」

当然です、と返信した。

光を求め歩き続ける　君の情熱がいつの日か
誰かにとっての光となるでしょう
誰かにとっての兆しとなるでしょう

向山コメント

中学の先生から、「小学校は送り出すところが決まっていていいですね。」と言われたことがある。中学・高校と進む道は厳しくなり、家族の喜びも落胆もさぞかしだろうね。

9　リスクをクライシスに至らせないマネジメント

朝の職集後、学年フロアの廊下を歩き、我が教室に近づいた瞬間、危機を感知した。

急ぎ教室に入ると、男子ふたりが取っ組み合い、ひとりが止めに入っているところだった。

間に入り、緩やかに引き離し、事情を聴く。

当人に話をさせる。

聴くうちに、場が落ち着く。

では、席に戻りなさいと言う。

二人とも素直に従う。

この指導を別室で行うのも有り得る。

しかし、今回はそうしない。

移さないのも必然である。瞬間の判断だ。


朝の会ではいつもどおりに笑いも起きる。

そうなるようにムードをつくる。

終えて、原因となった男子（喧嘩した二人とは別）を呼び、話を聞く。

その後、当該生徒に目を配りつつ、授業を行う。

二人が別々に、私に話をしに来る。

一人は喧嘩の件だが、もう一人は他愛のない話だ。

それでよい。

しかし、常に私の近くに寄ってくる。

厳しく指導した後も、来る。

指導に対してそっぽを向いていない証だ。


帰りの会で、その生徒が立った。

そして、

「今朝はお騒がせしてすみませんでした」

と全体に向かって頭を下げた。


こういうことができるようになった。

大きな、大きな成長だ。

向山コメント

尾を引かない指導ができたようだね立派だ。中学、高校と大きくなるほど上手く指導しないと後のトラブルにつながりやすい。

10　19歳になった教え子からの連絡

ある教え子から連絡が来た。

『生徒の心をわしづかみ！　長谷川博之の学級通信３６５日全記録』（上下巻、学芸みらい社）の年の生徒である。

Ｎという。


大学院修学のための休職を終え異動、たった一年のみ在籍した中学校で担任した。

許されたのは一年の関わりだけだった。


出逢いの日、最も反抗したのがこのＮだった。

ＡＤＨＤ、反抗挑発症の診断がおりていた。

学年のボスで、教師の指示に従う同級生らを「お前は教師の奴隷だ」と罵った。

女性であるという理由だけで、女性教師の指導には一切従わなかった。

そのＮも、周囲の仲間とともに、この一年で「劇変」する。

保護者までが「違う人間のようだ」という成長ぶりを示す。

彼は別れに際し、卒業式で見守ってほしかったと、静かに涙を流した。

異動後も、節目節目で連絡を寄越した。


甲子園を目指して入学した某強豪校で様々な矛盾に苦しみ、退学を決意したとき。

アルバイトをしながら格闘家を目指すと決めたとき。

そして、昨年、彼は訪ねて来た。

医療法人で働きつつ、資格試験の勉強に没頭しているという。

格闘家に挫折し、新宿歌舞伎町でホストを始めてある程度の成功を収めるも、女性に金を貢がせる辛さに耐え切れず、辞めた。

出逢いに恵まれ、働き口を得た。

そう語る彼の顔は、今の日本の一九歳のそれではなかった。

今回の連絡は以下のようだった。

本人の了解を得、紹介する。


（引用始め）

長谷川先生お疲れ様です！

昨日常務に、

「会長とNの話になって、そこで会長がN君は天才なのかもしれない」

って言ってたよ。

と言われました！


分かる人には分かるんだと思いました（笑）

一喜一憂はこれくらいにしてこれからも僕は僕の道をただ歩んでいこうと思いますが、長谷川先生に報告したくなっちゃいました！


僕の最大の強みは多動力と観察力、俯瞰的視点だと思います。

考えてから動くのではなく、動いた先で沢山感じて沢山考え沢山観察記録をする。

だから発見は尽きません。


その習慣が今の僕を形成していると言っても過言ではないと思います。

そしてその習慣が染み付いたのは中2からです。

長谷川先生の文章や、本と出会い、これ程までに周りを観察記録している人がいるのかと、大きな衝撃でした。

長谷川先生、本当にありがとうございます。

長谷川先生のこれまでの苦悩や葛藤、怒り、優しく温かい心…
その全てのお陰で、今の僕があります。
長谷川先生は僕を大きく変えてくれました。
変えるきっかけを与えてくれました。本当にありがとうございます。

今後も僕は沢山動いて動いた先で沢山発見して行きます。
そしてその発見によって世の中に少しでも寄与できたら良いなとも思います。

この先何があろうとお互いに火種だけは死守したいです。
必ず点火します。
長谷川先生、今日もありがとうございます。

（引用終わり）

彼も来月、成人式だ。
（ここは、今年の1月、の誤りでした。）
教職に就いて以来、成人式に出たことは一度もない。
毎年ＴＯＳＳの仕事と重なるからだ。

出なくともよい。必要ならば皆、会いに来る。
こういう教え子が、他にも少なからず存在する。
卒業後十年経っても、二十年経っても、切れない絆がある。
負けてはいられない、と思う。
もう少しがんばってみようか、とも思う。

向山コメント

いい仕事をしているね。逞しくなった教え子の言葉が長谷川先生の仕事を語っているね。

第二章

教師の仕事が面白い！

——応募論文から——

1　出逢いの一日目がY子との一年間を決めた

群馬県　稲葉　竜也

「稲葉先生のご指導のおかげで今年は楽しく過ごせています。」

Y子の保護者からの連絡帳の言葉。前年度は、担任の先生と上手くいってなかったようだ。担任の先生とぶつかり、拒否するようなことも。暴力・暴言、ハサミを向けた。教室に机と椅子でバリケードをつくることもあった。稲葉になってからは一度もない。なぜそうなったか。TOSSで学んでいたからに他ならない。出逢いの日が、一年間のY子との関係性を決めた。

出逢いの日。Y子の表情・しぐさが、頭の中に映像としてはっきり残っている。教師十年目。初めての特別支援学級の担任となった。四月の始業式。クラスの子は、どんな子かと楽しみな気持ちと少々不安な気持ちをもって校庭に出た。担任発表があり、全校児童の前に出た。クラスの子は、どこかと探した。学年ごとに並んでいるので、学年を見分け、一番後ろにいるかなと探し、支援員の先生と一緒にいるY子を見つけた。

「あの子だ。担任発表が終わったら、すぐに近くに行こう。」

と思った。出逢いの前に、名前と顔を覚えることをTOSSで学んでいたからこそY子だと分かった。担任発表が終わり、すぐに近くに行った。走って行きたい気持ちを抑え（目立ってしまうと嫌に思ってしまうかもしれない。）、歩いて一歩ずつ向かった。他学年の子たち、学校全体の様子も見ながら、その子の場所を確認しながら向かって行った。

「挨拶したらどんな反応をするかな。」

楽しみだった。近くに行き、表情としぐさを見ると、楽しみな気持ちは一瞬で飛んで行った。Ｙ子は座りながら支援員につかまり、震えている。震えながら、いや怯えながら？私のことを見ている。

「ああ。自分は、何て浅はかだったのだろう。」

と思った。私は、新学期、新しいクラスで楽しみな気持ちが強かった。しかし、Ｙ子は、不安で一杯だったのだ。ＴＯＳＳで学んだ特別支援教育の知識が一気に頭に浮かんできた。

「特別支援を要する子は変化を嫌う、変化に苦手な子がいる。」

特別支援学級に限ったことではないが、すぐに頭に浮かんだ。さらに、

「初めての人だから震えているのか。男だからか。いや前年度も男性の担任だった。（定年で異動した。）その方に比べて若いからか。」

一瞬で様々思い、方針を決めた。

「笑顔で温かく接する。この子が震えないように怯えないように。」

笑顔で安心させるようにし、ゆっくりと話しかけた。

「担任になった稲葉竜也です。これからよろしくお願いします。」

まだ震えていた。支援員の先生が挨拶を促してもしない。あまり長く話しても嫌かなと思い、

「他の子のところに行ってくるね。」

と伝え、他の子を探しに行った。これがＹ子との出逢いの場面だった。

　始業式が終わり、各学年の写真撮影となった。クラスの子は、三学年いるので走り回った。Ｙ子のもと

へと走って行った。支援員の先生にくっついているが、震えはなくなっていた。笑顔で温かく接することを続けた。写真撮影が終わり、一緒に教室に戻る頃には、表情が緩やかになり、話も出来るようになっていた。

教室に入り、改めて挨拶。一人で座れた。しっかりと私の顔を見て話を聞いている。姿勢がいいことを褒めた。顔を見て話を聞いていることを褒めた。そして挨拶をした。

「一年間担任をすることになりました稲葉竜也です。」

教室に歩いてくるとき、支援員の先生への言葉遣いが気になっていた。前年度は、担任に暴力・暴言があったことを思い出した。笑顔で温かく接するだけでは駄目だと感じた。

「今、みなさんは顔を見て話を聞くことが出来ています。大変素晴らしいです。」

そう言うと姿勢も正しくなった。

「姿勢も良くなりました。素晴らしいです。私は、みんなのこういった良い所をたくさん褒めていきたいと思います。そして楽しいクラスにしたいと思います。しかし、叱るときもあります。」

姿勢がさらに改まった。真剣な表情で聞いている。

「一つめは、人を傷つけることです。人とは、友達、先生、自分も含めます。嫌なことを言ったり、人を叩いたり、人の話を聞かなかったりしたときは叱ります。厳しく叱ります。自分を傷つけたときも叱ります。自分も人も大切にしましょう。

二つめは、頑張らないときです。今みんなは頑張って話を聞いています。学校は、自分を成長させる場所です。出来ることも出来ないことも頑張ってほしいと思います。頑張ってない、テキトーにやっているときは成長しません。だから叱ります。これから授業も始まります。自分を成長させるために頑張っていきましょう。そして、みんなで楽しく成長する一年としましょう。」

一言一句同じではないが、このような挨拶をした。全員最後まで真剣に聞いていた。ＴＯＳＳで学び、初日の挨拶が頭に入っていたからこそ、その日の子供の状況で即座に話を変えることができた。

始業式の終わりにＹ子が手紙をくれた。初日からくれた子は初めてだった。

「たつや先生へ

やさしくしてくれてありがとうございます。わたしは、竜也先生がだいすきです。これからも竜也先生にがんばっているところを見せたいからがんばります。Ｙ子より」

教師になってよかったと心の底から感じた。ＴＯＳＳで学んでいてよかったと心の底から感じた。

Ｙ子は、私の話をよく聞き、指示されなくても様々出来るようになった。算数のテストでは百点も取った。漢字の十問ミニテストでは、二学期全て百点を取った。跳び箱は、初めて三段跳べるようになり、跳び上がって喜んでいた。一年間を振り返る動画を作成する際には、クラスの代表の言葉に立候補し、見事に役を果たした。友達の誕生日企画会では、司会を務めた。驚くべき成長だった。

「子供の事実と教師の腹の底からの実感に依拠して教師修業をする。」

憧れの向山洋一先生、長谷川博之先生に教えていただいた言葉。教師人生十年。ＴＯＳＳで学び始め十年半。１ミリでもお二人に近づき、子供にとって価値ある教師を目指す日々である。

向山コメント

「知は力」、学んだことがあったから、具体的に対応できたね。出会いの一日が一年間を決めることもある。

2　教師へ転職、新たな出会いがやりがいに変わる

福井県　尾川　智子

1　嫌気がさして一般企業を辞める

「こんな仕事がしたくて大学へ行ったわけじゃない。」

大学を卒業して入社したコンデンサーの会社。教員採用試験に落ちたので、一般企業に就職した。午後五時の定時に帰宅できた。残業もほとんどなかった。休日出勤もほとんどなく、土日はすべて自分の時間にできた。給料だって悪くなかった。友達の中でも給料はよい方だった。

年齢もさまざまで二百人以上も働く工場だったので、いろいろな方と出会い、最初は楽しさもあった。

その楽しさは、次第になくなった。仕事そのものに魅力を感じなかったのである。

女性だけが朝早く会社に行き、毎日フロア全体の机や電話を拭き、全員のお茶を入れていた。

「女の子は、お茶さえ入れてくれればいい。」

なんて上司に言われたこともあった。自分の存在価値を見いだせなかった。

そんな日々に嫌気がさし、教員採用試験に合格していないのに会社を辞めた。

2　教師はやりたいことを自分で決めて、自分でできる

恩師のおかげもあって、小学校の講師として学校に勤めることになった。

そこでの教師としての仕事に感動した。みんなそれぞれ自分の飲みたいものは、男性であっても自分で準備し後片付けをしていた。以前の会社とは、違った。

教師は、やりたいことを自分で決めて、自分で作って授業することができる。これが、実に面白かったし、楽しかった。

時には、私より年上の先生から、

「ちょっと、こんなの作ってくれない？」

と言われて、パソコンで作ってお渡しすると、

「すごい！　こんなのがほしかったの。本当にありがとう！」

と感謝された。

前の会社では、私が作ったとしても、そんなことは当たり前でお礼の一言もなかった。年齢が違っても一人の同じ教師として見てくれているのだとうれしかった。

3　この仕事を選んでよかった

自分で決めて自分で授業する。うまくいくこともあれば、うまくいかないこともあった。うまくいった場合は、準備してよかったとうれしくなった。

うまくいかない場合は、近くの先生に聞いた。いろいろな方法を教えてくれた。うまくいったり、いかなかったりするが、試行錯誤することが、自分にとっては楽しかったし、刺激的であった。

特に、刺激的だったのは、子供の反応である。新鮮だった。

「そうか、分かった！」

という声を聞くだけで、うれしくなった。

「ああ、分からん。」

という声を聞くと、どうやって伝えると分かってくれるのだろうと真剣に考えた。そういった子ができたときは、言葉にはできないものがこみ上げてきた。

仕事に対するやりがいを感じる瞬間であり、この仕事を選んでよかったと思える瞬間だった。

4　一冊の本との出会い

講師をして一年目、ある先生から一冊の本を貸してもらった。『授業の腕をあげる法則』という本だった。「ありがとうございます。」と受け取ったものの、読書が大の苦手な私は、しばらくしたらそのまま返そうと思っていた。

日々、授業していてうまくいかないこともあったので、その本を読みかけた。すると、大人になるまで本一冊を読んだことのない私が、一気にその本を読み切ってしまった。私が知らなかったことや日頃からなぜうまくいかないのだろうと思っていた答えが、その本に書かれていたからである。

そして、実際に授業をしてみた。最初に行ったのは、跳び箱の授業である。まさか、そんな一時間でできるはずがないだろうと思っていたのだが、ドラマは起きた。一時間で全員とばせることができたのである。

その本を自分で購入してもう一度読んだ。本に書かれていることをやっていった。本に書かれていることを一つ一つやっていくことが楽しくて仕方なかった。「絶対、教師になりたい！」という気持ちも強くなり、講師をしながら教員採用試験の勉強に励むことができた。

一冊の本との出会いで、その頃倍率が高かった教員採用試験に合格し、教師になることができた。

5　サークルや仲間との出会い

教師になって三年目に、同じ勤務校の先生から、

「一生懸命勉強してるみたいだね。サークルに行ってみる?」

と声をかけられた。

サークルに行ってみると、他の先生方の楽しい授業を体感することができた。ワクワクした。自分もこんな授業がしてみたい!と強く感じた。

そこからサークルへ参加するようになった。授業を見ていただくと、自分の授業の下手さが分かる。何がダメだったのか、どうするとよいのかを示してくださる。それが、とても刺激的だった。

特に、その授業を子供にやってみると分かった。子供の反応が違う。集中する。熱中する。「分かった!」「できた!」と口にする。がんばって準備してよかったとうれしくなるとともに、教えていただいたことをやるだけで、こんなにも違うものなのかという驚きもあった。

サークルに参加し、授業を見てもらい、子供に授業していくことが、実に楽しい。やりがいを感じる。

今では県外の先生との出会いや交流もある。私にとってよい刺激となり、励みになっている。

向山コメント

一般企業での経験があったから、教師へ思いも強くなったね。楽しく生きがいを感じられる仕事が見つかってよかったね。

3　「憧れの教師」がいれば、仕事は面白くなる

山口県　林　健広

1　教師の仕事が面白い！　セミナー編

私が新採教師のとき、である。

夏休み前。暑い職員室。同僚の先輩に声をかけられた。

「林君。今度、広島でセミナーがあるんだけど、一緒に行かないか？　ＴＯＳＳって知っているかい？すごい勉強になるよ。一回は参加したほうがいい。」

その先輩に、いつもお世話になっていた。お酒を、しばしばおごってもらっていた。

だから、断われるわけがない。

その先輩と一緒にセミナーに出かけた。

会場に着いて、まずびっくりする。

参加者はみんなスーツを着ていたのである。それまでに参加した研修会では、多くの先生方はジャージや普段着であった。若い私は「スーツでかっこいいなぁ」と感激した。教師ってかっこいいなぁと思ったのはそのときが初めてだ。

研修の進め方にも感動した。

「最初に主催者のあいさつがあります」とか「諸連絡が三つあります」などはない。

いきなり「第一講座」から始まるのだ。

そして、講師が登場した。パソコンを使い、授業する。私が日頃している授業と違い、楽しかった。

教室にいる子供たちにこんな授業をしてみたい、と強く思った。

私の教師人生を決めたセミナーであった。

2 教師の仕事が面白い！ 読書編

その夜。新幹線に乗り福岡に向かった。

次の日、ＴＯＳＳのセミナーが福岡であり、当日申し込みができると聞いたからだ。

夜は、先輩と屋台でラーメンを食べた。酒を飲みながらその日のＴＯＳＳのセミナーについて語っていた。「私もああいう授業をつくります！」と言っていた。夜遅くまで、語り合った。酒を酌み交わした。

セミナー会場は博多駅の近くだった。

会場に着き、さらにびっくりする。大きな会場にあふれんばかりの人なのである。

熱気にあふれていて「無理やり参加させられたんだよ…」という雰囲気は微塵もなかった。

向山洋一氏と出会ったのもその日だった。

机と机の狭い通路を歩いていると、向こうから向山氏がいらした。

「どうぞ」と私に声をかけ、ゆずってくれた。

おそれ多くて何度も頭を下げた。

会場の後ろには書籍がずらりと並んでいた。

何も考えずに『教師修業十年』を買った。あとで、向山氏のデビュー作であることを知った。

その本に、向山氏がサインまでしてくださった。周りにいた先生が「いいなぁ！」と言っていた。

帰りの新幹線で『教師修業十年』を読んでみた。ぼろぼろと涙が出て、とまらなかった。周りに人がいても、それでも涙が止まらなかった。


教師の仕事ってなんて素敵なんだろうと思った。

跳び箱が苦手な子が跳べるようになった、不登校の子供が学校に来るようになった、日曜日だけが好きだった子が算数の問題で正解した…。その一つひとつのドラマに涙が出た。

今でも、この本を、何度も何度も読みかえしている。

大学を出て、難しい採用試験にも合格してせっかく教師になったのだ。

教師は知的な仕事だ。

「お薦めの本はありますか？」「憧れの教師はいますか？」と聞かれ、即答できる教師人生を送りたいと思う。指針とすべき本も先人もいない教師人生はあまりにも寂しい。夢や憧れ、ロマンがあるからこそ教師は楽しい。

3　教師の仕事が面白い！　サークル編

夏休み。ＴＯＳＳサークルの門を叩いた。

初日、こともあろうに遅刻。道に迷ってしまったのだ。おそるおそる岩国公民館の二階にあるドアを開けた。

代表の南氏が「よく来たね」とおっしゃって、あたたかく迎えてくださった。

わたしが提出した指導案に、先輩方が次から次にコメントしてくださった。指導案は真っ赤になった。

真っ赤になった指導案を見て、何だか嬉しかった。

二回目の参加のとき、模擬授業に挑戦した。公民館近くの岩国小学校であった。模擬授業するために前に立つ。すると突然、目の前が真っ白になった。自分の声がはるか遠くから聞こえてくる感じがした。あとは覚えていない。しばらくすると、南先生から「はい、終わりです」と言われたことだけを覚えている。席にもどった。三十分たっても、まだ目の前が真っ白のままだった。汗びっしょりだった。

しかし、なぜかワクワクした。二学期が待ち遠しかった。サークルの先生方のコメントが具体的だったからである。自分の授業のどこを、どうすればよいか、具体的に教えてもらえたからである。

早く子供に会いたかった。楽しい授業ができそうな気がした。

あれから二十年。

今でも、二学期が待ち遠しい。子供の声が待ち遠しい。

本を読む、研修会に出かける、サークルに入る。その積み重ねが明るい教師人生を創ってくれると信じている。教師の仕事は、やはり面白い。

向山コメント

子供の前に立つのだから教師はかっこよくなくちゃだめだ。

本を読み、サークルに通い、学ぶ教師がかっこよくなるのだ。

4　一度きりの人生を「教師」として生きる

山形県　小林　正樹

校長二校目に異動した五月、勤務校に私宛ての手紙が届いた。差出人の住所は東京都〇〇区。名前に旧姓が書いてあり、急ぎ封を開けた。予想通り、教え子だった。

新採から二つ目の赴任校、三〇歳前半に担任した子だ。内容を一部抜粋して紹介する。

「お久しぶりです。なんと二五年くらい経ったのでしょうか。びっくりです。

M小学校で五、六年の時に大変お世話になりました、Nです。

お元気でいらっしゃいますでしょうか。きっと相変わらずご活躍のことと思います。」

その頃は、卒業担任となることが多かった。

「中学校に入学したら、思い出を求めて小学校に遊びになんか来るな。未来を見つめて生きていけ。先生は、次のクラスの子たちのために、精一杯仕事をしているんだから。」などと、卒業前には厳しいことを伝えていた。「苦しくなったら、いつでも遊びにおいで」という先生もいたが、それとは対極的なメッセージを伝えていた。

Nさんとは、卒業後の年賀状のやり取り等もなく、本当に突然の手紙だった。

「ふと先生に手紙を書きたくなってネットを追っていたところ、教職員の方々の人事異動サイトを見つけました。そこで、校長欄に小林先生の名前を見つけ、現在の小学校に居られることも知りました。当たり前だけど、私の知り得なくなった場所でも、いい時間がちゃんと流れていたんだなと思えて、なんだか、とても嬉しくなりました。」

「二五年前に関わりのあった人に手紙を書きたくなる」ような職業は、「教師」以外にあるだろうか。しかも、思春期に入り始める多感な年頃の子たちと、どこの馬の骨かもわからない一教師との関係。奇跡のようなつながりとも言えるだろう。

手紙はNさんの中学・高校時代、今の仕事、住まい、家庭環境等の報告等が続いた。現在三七歳。思い出す姿は十二歳の少女のままだ。いったいどんな人生を歩んできたものか、想像すらできない。幸せそうな現在を知り、心が温かくなってきた。手紙は続く。

「あの時、小林先生に受けさせていただいた授業は、その何年後も、何度も思い出しては私を強くしてくれました。

例えば、戦後の日本を描いた小説『石うすの歌』の主題を考える授業。何があっても人は生きていくし生きていかなきゃならない、ということ。私なんかは、とても幸せに生きてきた方だと思っているけれど、その中でもいろんな場面であの主題を思い出しては、胸に刻んだことがありました。本当にたくさん。」

ここまで読んで、「えっ、どんな授業をしたんだっけ?」と不安になった。学級担任時代は、学級通信を毎年百号は出すことを自分に課していた。可能な限り、製本もしていた。だが、じっくりと振り返って読んだことはない。この手紙をきっかけに、読み返してみた。二十五年前の息吹が感じられた。若い私の感情もそうだが、子供たちが生きている証のようなものが伝わってきた。また、「授業」とは、一人の人生にこのように大きな影響を与えるものなのかと驚かされもした。

「他にも、答えの出ない安楽死に対するディベート、三十秒間の先生の行動を原稿用紙に表現する作文の授業、もちろん全部とはいかないけれど、多くの授業が今でも当たり前のように私の横に置いてあります。」

書籍や教育雑誌を購入し、「追試」しまくっていた頃の授業。よくぞ覚えていてくれたものだ。「追試」を記録し、子供たちの感想も含めて学級通信とし、自分のために記録していた。次に同じ学年を担任した時に少しでもレベルアップした授業になるように、という思いだった。まだサークル活動はしていない頃で、今のように分かち伝えようという意図はあまりなかった。

「あとはもちろん『プラス思考』のこと。しんどい時もさみしい時も、不安な時も嫌になっちゃった時も、あっ、恋が上手くいかなかった時なんかも（笑）、先生に教えてもらったあの頃の『プラス思考』のクセが、結局何よりも私をひゅっと掬い上げてくれた気がします。感謝しています。

…そうなんです。最初に〝ふと〟とは書いたものの、なぜ先生に突然手紙を書きたくなったのかと言うと、この感謝している気持ちを伝えないのがもったいなさすぎると思ったからなのです。

まだまだ未熟でポンコツまっしぐらな私ですが、先生に教わったあの二年間は、確実に私と私の思考を豊かにしてくれたんだなあと、今、心から思うのです。」

そう言えばあの頃、積極的に生きていこうということを何度も伝えていた。伝えるだけでなく、学級通信にも書いていた。学級通信の内容は、家庭訪問の時や保護者との飲み会の席上などでも、よく話題となった。学習面だけでなく、これからの生き方についても語っていくことの大切さを感じる。

「新型コロナの影響等、先生方も難しい判断を迫られるなど、大変な場面が多いかとは思いますが、一小林先生の教え子兼、今となっては一ファンとして、陰ながら応援しております。

いろいろなことがスッと終わってまた何かの機会にお会いできる日が来ることも祈りつつ、お身体に気を付けて元気でパワフルな校長先生でいてください。」

二五年の時を経て、人を気遣える言葉が並び、立派に成長していることに感動を覚える。有難くも、もったいない手紙だった。

担任したら、子供たちに必ず伝えていたこと、そして私の座右の銘の一つ。

与えられた場で、精一杯の努力をせよ。

Nさんに授業した頃は、まだまだ未熟な実践だったはず。

ただ、以下のことは言えそうだ。一所懸命だったこと。その時の精一杯を子供たちにぶつけたこと。失敗してもやり直したこと。失敗すらも楽しかったこと。いつかレベルアップして使えるようにと自分のために記録していたこと。

一度きりの人生、その三八年間を「教師」として生きた。この春、定年退職する。

生まれ変わったら、もう一度「教師」として生きてみたい。

向山コメント　二十五年の時が流れ、教え子から手紙が届く、定年退職という節目になんと幸せなことだろう。

5　日本の女性よ、大志を抱け

東京都　原　順子

今の日本社会で、教師は女性が男性と対等に活躍できる代表的職種だ。北欧諸国などに比べて、社会で活躍する女性の割合が日本はまだまだ低い。その点、教師は、女性の管理職もたくさんいる。給与などの待遇面でも平等だ。産休育休もしっかり取れて、職場にも以前と同じように復帰できる。夏休みや冬休みは、我が子と過ごす時間も多く取れる。

何より、教師ほどやりがいがあり楽しい仕事はないと思う。

私が教育学部に進みたいと考えるようになったのは中学生の頃だった。当時、憧れの先生は周りにいなかった。むしろ反面教師ばかり。憧れは、テレビドラマの金八先生。そして「窓際のトットちゃん」に出てくるトモエ学園の園長先生だった。

その頃、実家の近所に小さなフリースクールがあった。当時はまだ全国でも珍しい存在だった。財政的に運営はいつも厳しかったため、両親や近所の大人たちが、不要になった机や椅子、本などを寄付して支援していた。まだ不登校でなく登校拒否と言われていた時代。学校へ行けないのは子供のせいだけではないという話をフリースクール開催の勉強会で聞いた。

その後、教師になることを目指して、教育学部へ入学した。当時の自分は、卒業時にバブル経済が崩壊するとは夢にも思っていなかった。学生時代、海外をこの目で見てみたいと思い、デンマークへ一年間留学した。帰国すると、日本は「就職氷河期」という時代で、教員採用数も激減していた。

自分や周りの同級生の多くが教員採用試験に不合格となった。私はフリースクールの先生にも憧れていたので、公立の小学校教員に、こだわりはなかった。しかし、フリースクールでの仕事も簡単には見つからなかった。大学卒業後、公立小学校の非常勤として一年間働いたが、その後もなかなか教職には就けず、私は再びデンマークで働くことになった。

翌年、縁あって、東京で民間会社に就職した。会社の総務部で事務仕事をする日々は、三年もすると退屈になってきた。会社の中心的な仕事は男性が担当し、

「女性は、お茶汲み、コピーとり」

というイメージがまだ色濃く残っていた。

「女性が男性と対等に社会に出て働くのは当たり前」

というデンマーク社会とは大違いだった。

結婚、退職、出産、夫の転勤などもあり、十年近く専業主婦もした。我が子の小学校で保護者としてお手伝いをするたびに、もう一度小学校で働いてみたいという気持ちが強くなった。そんな折、広報誌で小学校の補助教員を募集していると知り応募した。そこから、私の第二の教員人生が始まった。

教師の仕事は、一日として同じ日がない。生身の人間を相手にしているのだから、会社の総務の仕事と

は全く違う。毎日変化に富み、とても面白かった。

補助教員として働き始めて四年目、六年生の副担任をしてほしいと言われた。そんな難しい仕事、自分にできるのだろうかと不安だった。

新学期が始まり、驚いたのは、学年主任の男性の先生が見た目と違って、とても優しかったことだ。子供たちを大声で怒鳴りつけて指導しない。授業が楽しく、子供が熱中していた。国語の時間になると、毎時間、百人一首や暗唱をやっていた。授業が成立しないと言われていた6年生が、休み時間も百人一首を一生懸命覚えている姿が印象的だった。


後で聞くと、その先生は向山洋一という先生の本を読んで長年勉強していたそうだ。子供たちをたくさん褒め、保護者にも、学級通信に書いて報告していた。子供たちからも保護者からも慕われた。あんなに大変な学年と言われていたのに、とても立派な姿を卒業式で見せて卒業していった。

そんな様子を傍で見ていて、自分ももう一度、子供の前に立って授業をしてみたいと強く思った。教育実習の際、授業を考えるのがとても楽しかったのを思い出した。


向山先生が小学一年生を担任した時の本を読んで、こんなにも子供に優しく寄り添ってくれる先生が日本にも実在していたことに驚いた。二児の母としての経験から、このような先生に出会えることは、子供の人生にとってどれほど価値あることかがよく分かる。向山先生が代表を務めていた民間団体のセミナーに行くと、向山先生に憧れて実践を追試しようと努力されている全国の素晴らしい先生たちと出会うことができた。

今、自分は、子供にとって価値ある教師になるために日々、学んでいる。向山先生は、「学ばない教師は子供の前に立つ資格がない」という。

セミナーで学んだことをすぐ次の日に学校で実践する。うまくいかなくて、また学ぶ。自分が学ぶべきことは膨大にあり、読むべき本も山のようにある。でも、新しい知識や技術を学ぶことは何歳になっても本当に楽しい

教師の仕事が、知的でクリエイティブで、こんなにもやりがいのある仕事だったなんて。そして、志を共にし、熱意ある先生たちと一緒に学ぶ日々はとても楽しいなんて。

教育は国の未来を左右する大切な仕事だ。そんな大切な仕事に自分が関われることを誇りに思う。一度は諦めた教師という仕事に、こうして再び出会えたことにとても感謝している。

女性の人生は、結婚、出産などに左右されやすい。でも、この日本でも、もっともっと女性が活躍してほしいと思う。

子供や女性が幸せに暮らせる国は、きっと国民の幸福度も高い国なのだろうから。

向山コメント

向山との出合いが面白いね。怒鳴らない、授業が楽しい、百人一首、大変な学年を立派に……。事実が人を動かすんだよ。

6　子供が変わるきっかけを作ることができる尊い仕事

北海道　赤塚　邦彦

新卒一年目。私は算数の少人数指導担当教諭として赴任した。その後、同期と初任者研修で話した際に、どの同期も学級をもっており、とてもうらやましい思いをした。自分の学級をもちたいと強く思っていたのだ。

少人数指導担当ではあったが、まだ制度が始まったばかりで、軌道に乗ってはおらず年度の始めは、各学級でのＴＴ指導がメインであった。

四月はどの学級にも満遍なく入っていたが、そのうち六年生のある学級に入ることが多くなった。学級が崩れ始めていたのである。少人数指導担当である私や教務主任、そして教頭先生が常に入る状態になっていた。

授業中に誰かが必ずおしゃべりをしたり、立ち歩いたり、紙飛行機や手紙が飛び交ったりすることも一度や二度ではなかった。それを見てしまった私は、「授業中です。やめなさい」と即座に注意をした。不貞腐れたような態度はしていたが、その場で手紙を回すことはやめた。

その日の放課後である。地域住民から学校に電話がかかってきた。校区内の公園に落書きが書かれているとのこと。私も現場に向かった。子供たちはもうすでにいなかったが、ベンチやテーブルに油性ペンで書いたと思われる新しい落書きがたくさんあった。その中の一つを見て、ものすごくショックを受けた。**「赤塚、ウザい、死ね」**悲しい気持ちで自分の名前の書かれた落書きを消した。

その年の十月中頃、教頭先生に呼ばれる。

「六年一組を担任しないか？　〇〇先生は休職に入る。その代わりの先生も来るのだが、校内で子供たちの様子を知っている赤塚君が担任した方がいいと校長先生と話しているのだよ」

恥ずかしながら私は即答できなかった。その六年一組とは、荒れが進んでいる学級であり、私の悪口を公園に書いた子がいる学級である。

しばし悩んだが、私はその話を引き受けた。

自信はなかったが、赴任した当初強く願っていた「自分の学級を持ちたい」ということが叶うチャンスであったからだと思う。

運よく私には、校内にＴＯＳＳサークルに所属する先輩教師がいた。そのつながりで新卒一年目の六月からサークルで活動していた。十一月からの担任に向けてたくさんのアドバイスをいただいた。

私は「算数で勝負しよう」と思っていた。十一月からの担任である。「黄金の三日間」などは当然ない。今までのルールでどうしても変えなければならないところ以外はそれまでのものを採用した。途中から子供たちを納得させるような力量はないと自覚していた。

しかし、算数は違う。七月頃からこの学級でＴＴとして授業し、それなりに手応えがあった。算数の時間に指示が通らないということもほぼなかった。学級平均点も八十五点以上であった。このような小さくても確実な事実があったので、子供たちも聞く耳をもってくれたのかもしれない。算数の授業で「信頼」を勝ち得ていたのだと今では思う。

算数が嫌いな花子さんという女の子がいた。花子さんは、少しわからないことがあると、「もうわかんない、わかんない」と連呼し、授業を受けなくなるようなお子さんであった。ちなみに落書き事件にも関わっている子である。花子さんには、教科書通り指導することを特に意識した。「一行目まで写せたらもってきなさい」「これはとっても簡単ですね。どうしてですか？（教科書に書いてある）その通り、教科書を見ることはとても大切な勉強なのです」教科書通り進めることで、花子さんが「わからない」という回数は格段に減った。「算数余裕なんだけど」という声が聞こえることもしばしばあった。

同じサークル員が教えてくれた。

「先生のクラスの花子さんが掲示板に書いていましたよ」

「今日、〇〇小にA先生来なかった？　算数の授業めちゃくちゃわかりやすいよ」

花子さんが入っていた少年団は市レベルで活動しており、他校の子と掲示板でやり取りをしていた。その書き込みを市の少年団の顧問をしていたサークルの先生が教えてくれたのだ。

同じく算数に苦手意識をもっている草子さんという女の子がいた。この子はわからなくなった時点で机に突っ伏して、その時間は二度と起き上がってこない子だった。この子にも教科書通りに進める授業展開が有効であった。「はじめに何をしますか。草子さん（たてます）」「次に何をしますか。草子さん（かけます）」このように教科書に書いてあることをテンポよく小刻みに聞くと喜んで答えていた。卒業するまでにはほとんど突っ伏すことはなくなっていた。

　ある日、教卓に座る私に草子さんが急に話しかけてきた。

「先生、時間割って誰が決めるの？」

「学年の先生との会議で決めるんだよ」

「うち、毎日算数の授業でいいなあ。算数わかるから」

　この草子さんも春、公園で落書きをした子の一人である。


　教師に反抗の態度をとっていた子供たちが一年も経たないうちに変わった。

　子供らしい反応や表情を見せることも多くなった。

　それは、もちろん私一人の力ではない。

　そこまでに関わってきた先生、保護者、そして本人たちの頑張りである。

　私はその少しのきっかけでしかないだろう。

　しかし、きっかけでも、このような尊い仕事は他にはないと思う。

　今年で二十一年目。二十年と五カ月の担任業を行ってきたが、新卒一年目十一月からのこと、そして、自分が学級担任になりたいと強く願った新卒一年目四月のことを忘れずに仕事をしていきたい。

　こんなにやりがいのある仕事はない。

向山コメント

落書きに書かれた文字を悲しい思いで消した経験が、今の仕事を作ったようだね。子供の変化が目に見えてよかったが、見えない変化もあるよ。

7　学べば学ぶほど授業が楽しい

茨城県　坂本　佳朗

一　授業をどうすれば良いか迷った新卒一年目

教師になりたての頃、一番の悩みは授業の準備であった。国語を教えているが、単元ごとに何を読解させるのか、生徒にどのような学習活動をさせるのかが全く分からなかった。先輩からアドバイスをもらい、とりあえず読んだ感想を書かせてそれを印刷して配る、というのをやってみた。しかしそれも、ほとんど各自に読ませて終わってしまい、より高度な読みにつなげたりすることは出来なかった。

そのうち、担当していた中学二年の授業は成り立たなくなった。話を聞いていない生徒、私語をしている生徒、消しゴムを投げ合う生徒が増えていった。そして同じ生徒たちが、他の先生方の授業は真面目に受けているのだった。

「やっぱり自分には教師としてのセンスがないのかな」

と何となく考えるようになった。

二　楽しいことを取り入れ始めた四年目

四年目、中学一年生を担当した。担任を持つのも初めてである。少しでも良い実践をしたくて、本や雑誌で小学校の実践も読み始めた。そこで気付いたのが、小学校の実践は分かりやすく楽しいものが多いということだった。

だから、すぐに真似できる楽しい授業から実践した。全て、原実践は向山洋一氏である。

①　五色百人一首

一色二十枚なので、授業時間内に取り組める。ゲームだから誰もが熱中し、男子も女子も分け隔て無く楽しんでいるのが微笑ましかった。また、勝ちたいから生徒は百人一首を覚え、上の句や最初の一字、二字で取る生徒も確実に増えた。

②　「口に二画」

口という漢字に二画足してできる漢字を挙げさせる。出尽くしたかと思ったら一つ、また一つと答えを出してくる生徒が出てきて、「おおー」と教室がどよめいた。誰が活躍するか分からないダイナミックな授業展開を初めて経験した。

③　四字熟語作文

自分の名前に続け、四字熟語だけで作文させる。奇想天外な作文ができあがり、皆でたくさん笑った。休み時間にも続きを書く生徒がいた。

④　名文の暗唱

覚えた生徒から教師がテストする。評定を厳しくするが、惜しくも合格できなかったのが悔しいのか、何度でも挑戦してくる。完璧に覚えて合格し、「よっしゃー」とガッツポーズして喜んでいる生徒の姿を見るのが、自分も嬉しかった。

⑤　説明文の授業

「問い」と「答え」を探させる。以前の私は、教科書にある文章の内容をこと細かに説明していたが、学んだことを他の文章で応用できない指導になっていた。しかし「問い」と「答え」を教えておけば、内容の異なる説明文を読むのに応用がきく。生徒から「分かりやすい！」と好評の授業だった。

小学校実践から学んだことだったが、中学校でも見事に通用した。

やんちゃな生徒、勉強の出来ない生徒が、良い授業ならば付いてくる。付いてくるどころか活躍する。自然と、ほめる展開が多くなる。それを学級通信に書き、保護者も読む。ある保護者には、「入学してから一回もほめられたことがなかったので相当感激して帰ってきました」と言われ、感謝されたこともあった。その繰り返しで、授業が楽しく分かりやすいと、生徒や保護者との関係も良くなる。それが担任としても嬉しいことだった。

もちろん、本で読んだだけでは分からないこともあるため、自主的な教育研究サークルやセミナーに参加し、良い授業のイメージを学び続けた。

三　学び続けて　大学入試問題でも「授業」にできる

現在、高校三年生を教えている。授業は大学入試問題演習が多い。

とは言え、予備校みたいな「講義」をしているわけではない。授業の原理原則、具体的な技術をずっと学んできたため、生徒に思考させ、活動させながら教えたいことを習得させる「授業」をすることが可能なのだ。例を挙げる。

①　作業させる

大事な箇所を読ませる、線を引かせる、言葉を○で囲ませる　などで授業にリズムが出る。

②　発問して答えさせる

解説を読んで分かったつもりになっているであろう部分を突っ込んで聞く。「根拠は本文のどこですか」「選択肢五番はどこが間違っていますか」「それを正しい言い方に直しなさい」など。一見簡単なことでも改めて問われると答えられない。だから指名して答えさせたり相談させたりすると盛り上がる。

③　点数を付ける（個別評定）

黒板に答えを書かせて点数を一人ずつ付けていく。十点満点の三点だと評定されると、生徒は自然と「あと七点、何が足りないのだろう」と考え出す。そしてより真剣に本文や問題文を読む。それが良い。自分で考えるから伸びる。

少し前に、自主的に企画して研究授業を行った。大学入学共通テスト型の問題を使って、複数の文章をどう読み比べさせるか検討するため、国語科だけでなく同学年の担当教師にも参観してもらった

共通テスト対策になっていたかどうかは具体的な意見は出なかったが、「生徒をどう指名したり活動させたりすると良いかが分かった」と、授業の展開の仕方はほめていただいた。

「授業のセンスがない」と思っていた自分も変われたのだった。

向山コメント

「授業のセンスがない」と自覚してのスタートが立派だ。小学校の実践を中学や高校に応用し、良いサイクルにしていったことがよく分かる。

8　五色百人一首を通した教師人生のドラマ

兵庫県　溝端　久輝子

学校・自宅・パチンコ店、この三か所を回っているのが小学校の先生だと思っていた。子供相手の仕事は変化ややる気から一番遠い仕事、そんなイメージを勝手にもっていた。ところが、私が結婚した相手は小学校の教員。彼の書斎にはズラッと「向山洋一」著の書籍が並んでいた。休日にサークルというものに出かけ、勉強しているらしかった。ある日とても興奮して帰宅し、私に嬉しそうに話をした。

「授業をみてそれに点数をつけていくシステムなんだ。授業力に点数をつけるってすごくない？」

授業の腕を上げるために熱中している彼の様子をみて、私が小学校の先生とイメージしていたものとずいぶん違うことを感じた。そしていつの間にか私自身も授業技量検定というものを受けてみたいと思うようになった。

教員免許を大学でとったものの、教員の仕事に夢を感じられず使わないままであったが、目標をもってできる仕事があるなら、教師という仕事はとてもやりがいがあるのではないか、と思うようになっていった。大学を卒業して十年以上たってから私の教師人生が始まった。そしてもう二十年近くこの仕事を続けている。

教師になった最初の年のことを今でもよく覚えている。

新学期を翌日に迎えた日の夜は、ドキドキする自分の鼓動が寝ていても聞こえるほど緊張していた。

新学期は「黄金の三日間」と言われ、どんなやんちゃな子も教師のいうことを聞いてくれるという神様から与えられた期間であることを知っていただけに、とても緊張していたのだ。

無我夢中で過ごした一年間だった。授業力もついていない、教師としての経験もない一年だったが、一つだけ自分でもよく頑張ったと思うことがあった。それは、一年間百人一首を毎日したことだった。五色百人一首（百首を五色に分け、一色二十首に分けてある）だったので、一試合を五分ほどで行った。二人一組で対戦し、負けたら一つ下がり、勝つと一つ上がるランキング方式をとっていた。「百人一首」と私がいうと、担任していた二年生は「やったー」と声をあげて喜んでいた。五色百人一首兵庫県大会にもクラスから二名が出場して活躍した思い出がある。

時を経て初任で務めた学校を去り、新たな学校に転勤したころ、初めて担任した児童の保護者からメールが届いた。有名私立中学校に通っているらしかった。何と中学校の国語の最初の授業で五色百人一首をしたことがある人？　と尋ねられ、小学校で行っていた百人一首を中学校でも再開したと書かれていた。さらに、小学校二年生の当時、休むと百人一首のランクが一番最後になるのが嫌だったので、何があっても学校を休みたくないと頑張っていたことも教えてもらった。中学校では百人一首をきっかけに友達ができて喜んでおり、感謝の言葉で締めくくられていた。

保護者から感謝されると先輩の先生方からは聞いていたが、本当にこのように感謝される経験ができたことがうれしかった。一年目でがむしゃらに良いと信じたことをやっていた自分をほめたいと思った出来事だった。

小学校一年生を担任した時も百人一首に取り組んだ。三学期、子供たちの前で宣言した。

「毎日百人一首をします。」

ランキング方式の移動のシステムを教えるのに一時間使った。その後、国語の授業で毎日行い、五分でできるようになるまでになった。

百人一首を一年生にもやってみようと思ったのは、クラスで喧嘩やトラブルが多発し、まとまりのない日々を送っていたところ、何とかしたいという思いからだった。

百人一首をクラスで行うようになり、二学期の喧嘩は何だったのか、と思う程、男女間の喧嘩が起こらない。たまたまなのか、百人一首をやったからなのか、確定はできない。しかし、私の感覚では、やはり百人一首効果だと思うのだ。そこからは一年生にも次々と変化が起こった。

張り切って「(句を) 覚えてくる!」というのは女の子を追いかけ回していたやんちゃくんだ。「よろしくおねがいします」と握手をして対戦させると、大きな声が教室に響く。勉強の苦手な子が札をとると対戦相手も拍手をして「すごい」と言いながら喜ぶ。「先生、覚えて来た!」と朝一番に教えてくれる子。五色百人一首をしなければ見られない小さな出来事であり、些細な子供の変化であった。

そして現在、地域の公民館を借り、五色百人一首教室を月一回行っている。もうすぐ七年になる。地域貢献も教師の大きな役割だというのがTOSSで学んだことだ。ここには、私が勤務校で教えた児童も、他の学校で百人一首に興味をもった児童も来ている。学年も地域も超えて集まる子供たちと出会うことは二十年前の私には想像がつかない。ここでも素敵な出会いがあった。

「うれしい」と、いつもあまり感情を出さないKくんがにこにこしてある日の教室にやってきた。優勝カップを箱から出して見せながら、お父さんは「やっと優勝できました。」と言われた。

この大会は近畿でも強豪が集う大会だ。県大会で毎回上位に入るKくんが、これまで十回以上出場したが、その大会では優勝したことがなかったそうだ。しかし、今回は参加人数が少なく、強豪の児童が欠席ということもあり、優勝できたという。

あきらめず、淡々と続けることで運がめぐってくることにＫくんも自信をもったようだ。

近畿地方にはチームを作り、毎週のように練習をしている教室があるが、Ｋくんは特にチームには所属することなく、毎日家でお父さんと練習しているので、今回の結果はとてもうれしいものだったに違いない。そのＫくんが百人一首に触れたのは五歳のとき、姉二人の影響だったという。

Ｋくんのお父さんの話によると、一番上の姉が小学校二年生の時の担任が五色百人一首をし、兵庫県大会に出たことが縁だと言われた。それ以来十年以上の付き合いだが、一度も子供の担任で五色百人一首をする先生とは出会わなかったそうだ。姉のたった一度の出会いで二番目の妹、そしてＫくんまでも縁が続いている。

百人一首を通して私の教師人生は豊かになった。私が関わる子供たちにも豊かな人生を送ってほしい。五色百人一首は教室を変え、子供たちを変える素晴らしい教材だ。五色百人一首を通してこれからもどんな出会いがあるのかわくわくしている。

向山コメント

夫婦一緒に教師修業なんだね。そして五色百人一首への長い年月をかけての取り組みと人とのつながりが教師人生を支えていることが嬉しい。

9 「化学が嫌い」と答えた高校生が六十%から五%に

三重県　栗山　誉礼

1　最悪のスタート

「わからん！」「なんでこんなんやらなあかんの？」

四月の授業、生徒は口々に言った。高校二年生。就職と進学がほぼ半分の学校で、学力が高いとは言えない。そんな学校での授業はブーイングからのスタートだった。

最初の授業でアンケートをとってみると、私が教える化学について「好き」と答えた生徒は二十%、「嫌い」と答えた生徒は六十%だった。生徒に理由も問うた。

・実験はおもしろいけどなにをやっているのか分からない。

・テストで点数が取れない。

・計算問題が多いから化学が理科の中でも一番嫌い。

小学校・中学校で、何度も「化学は難しい、できないものだ」と感じたのだろう。何を問うても「わからない」と返してきた。

そんな生徒たちに、何とかして「化学は楽しい学問だ」、「化学ができるかもしれない！」と思わせる。そう決意して、四月からスタートした。

2 フラッシュカードで暗唱

化学基礎で最初に躓くのが、「元素を覚えること」である。二十個の元素の名前と元素記号を覚えるのは、低位の生徒には難しい。元素周期表を見せた段階で、生徒は下を向いた。

そこで、フラッシュカードを使用した。

表面に元素記号と名前、裏面に元素記号のみを提示し、めくりながら生徒に声を出させる。最初は戸惑い、声が全然出ていなかった。しかし、繰り返すうちにだんだんと声が出るようになっていった。

語呂合わせも教えて暗唱もさせた。それに加えて、元素記号だけ、元素名だけ、ランダムでどちらか、と元素に関する小テストをやらせた。

こうした指導の結果、中間テストでは、学年の九割以上の生徒が元素の部分が満点であった。

四月、「わからない」を連呼し、教科書も出していなかったAは、テスト返却後にこう叫んだ。

「フラッシュカードのおかげで満点が取れた！」

3 向山型算数指導を高校化学にカスタマイズ

高校化学の教科書には、例題が載っていないことが多い。そのことに気づかずに問題を解かせたとき、生徒は「できない！」と荒れてしまった。

サークルで相談したところ、「例題↓類題↓練習問題」の順にやる、という向山型算数の指導を紹介された。次の授業から早速取り入れた。

「わからない」と言っていた生徒たちは、徐々にやるようになった。さらには、「これならできる！」とも言った。手が止まっていた生徒たちも、個別指導で手が動くようになった。テストの感想には次のように書いてあった。

化学が好きになってきた二学期に入って、計算問題が増えました。憂鬱でした。中学校まで全然できなかったからです。でも、やってみると意外と難しくなくて、できたので嬉しいです！

サークルで授業を見てもらい、よくしていくことで、生徒の反応がどんどんと変わってきたのだ。

4 やんちゃな生徒たちが大きく変わる

やんちゃな生徒たちとの関係性を作るために、授業以外でも積極的に関わった。

四月、授業中ずっとぼーっとしていたB。教科書やプリントを何度も渡し、授業に巻き込むように活動を仕組んだ。

しかし、なかなか彼を巻き込めなかった。おそらく、彼との信頼関係が作れていなかったのだ。

そこで、Bと同じクラスで、私と関係のできている生徒を巻き込み、休み時間にたくさん話をした。学校のこと、ゲームのこと、YouTubeのこと、好きなブランドのこと…。

たくさん話していくことで、ようやくBは心を開くようになった。

授業中、一番真剣なまなざしで授業を受けるようになった。定期テストで二十点を下回っていたのが、五十点近く取るように変わった。

そんな変化が起こり始めたある日、Bは私にこう言った。

「こんな学校で授業させられて、先生は嫌じゃないの？おれらこんなに勉強出来ないし、問題ばっかり起こしているし。」

そう、学校生活の中で思わせていることを、心の底から悔しいと思う。何とかして、彼らに自信をつけるような授業をしたい。そう強く思った。同時に、Bには変容が次々起こっていることが楽しいと伝えた。

Bは、

「正直、おれらなんかにこんなに優しくしてくれる先生はいないです。みんな見捨てていくのです。こうやって向き合ってくれる先生はいないですよ。」

と言ってきた。まだまだ、力は及ばない。Bに自信をなくさせる学校であることは事実である。

しかし、自分なりに生徒に真剣に向き合うことで、生徒が変容してきている。そして、こんなにも嬉しいことを言ってくれる。本気で「教師になってよかった」と思った瞬間の一つだ。

5　2月のクラスの様子

化学基礎で最も難しい「物質量の計算」の単元も、彼らは悩みながらも真剣に取り組んだ。少しずつではあるが、「できた！」という嬉しい声が増えてきている。

そして、アンケートでは、化学が「嫌い」答えた生徒は六十％から五％に減った。好きと答えた生徒は二十％から三十％に増えた。まだまだ理想には程遠いので、これからも学び続けたい。

向山コメント

高校生のブーイングからのスタート。化学をフラッシュカードや向山型算数をつかう発想がいい。あの手、この手で生徒たちを変化させることができたね。

10　生徒と共に成長できるから、教師の仕事は面白い

北海道　海老井　基広

北海道の公立高校で数学を教えている。

中学校の数学の成績は五段階の「1」か「2」しか取ったことのない生徒をたくさん教えてきた。かけ算九九を覚えていない生徒もいた。「2引く5」が分からない生徒もいた。勉強が嫌いで、とりわけ数学が嫌いだという生徒は山ほどいた。

そういった生徒たちが数学のテストで納得のいく点数をとったとき、例外なく良い表情をしていた。生徒たちの嬉しそうな表情を見るたび、教師という仕事にやりがいを感じる。

1　学年で最も「できない生徒」が数学で自信を付けた

教員三年目に転勤した。

年度初めの会議で、ある生徒Yが話題に上がった。

高校二年生女子。定期考査の成績は一学年百六十人中最下位。児童相談所に引き取られた経験あり。体育以外の授業で、五十分間起きている姿を見たことがない。

そんなYに、数学Ⅱを教えることになった。

出会いの授業。成功体験を積ませたかったが、「復習テスト」を実施することが決まっていた。高校一

年生の内容が範囲のテストである。

結果は百点満点で二点。失敗体験からのスタートだった。

二回目の授業。復習テストの返却と解説で二十五分費やした。残りの二十五分が私にとっての「初授業」だった。そこで成功体験を積ませると決めていた。

生徒一人ひとりの名前を書いたＴＯＳＳノートを配った。受け取るときに「ありがとうございます」と言えたことを褒めた。「日付、タイトル、ページ」を一マス一字で書くように伝えた。それもできた。ノートに〇を付けた。ニッコリしていた。ノートに〇を付けてもらう経験をしたことがなかったのだろう。

教科書どおり教え、その日はたくさん〇を付けて褒めて終えた。

五十分間起きている姿を見たことがないと言われていたが、私の授業では起きていた。むしろこの後の一年間を通して、寝ている姿を見たことがなかった。


高校二年生になって初めての定期テスト。六月にある前期中間テストだ。

日々の授業は頑張っていたが二十四点。私自身の力不足を感じた。しかし本人は喜んでいた。

「一桁じゃない点数は久しぶりだ。」

この言葉がズシンと響いた。一年間かけて伸ばす。そう決意した。

Ｙは授業中、一所懸命取り組んだ。黒板に書かれた解答を書き写すことで精一杯のこともあったが、必ずノートに〇を付けた。私の付けた〇がＹの気力になると信じて。難しい内容でしんどそうなときも、常に励まし続けた。

九月に行われた前期期末テスト。二十二点だった。内容が難しくなったとはいえ、やはり私自身の力不足が原因だ。

当時の私の授業技量では、授業時間だけで力を付けることはできなかった。Ｙの希望もあり、昼休みに十分間の補習を行うことにした。授業時間に理解できなかったところの解説や基本的な計算問題をした。授業中、自力で解けることが増えてきた。


十一月に行われた後期中間テストでは三十一点をとった。相変わらず高くはないが、一つ壁を突破した。三十点以下は「赤点」と言い、追試の対象になっていたのだ。初めて数学の追試から逃れた。本人は喜んでいた。私は複雑な心境だった。Ｙはまだまだ取れるという確信があった。それだけ努力していたからだ。二月に行われる後期期末テストでは、数学で自己ベストをとるという目標を立てた。授業中の取り組みも昼休みの補習も一層頑張るようになった。


そうして迎えた後期期末テスト。Ｙは五十二点をとった。

「数学で初めてこんなに良い点数がとれました！」

この言葉がズシンと響いた。

Ｙと共に私も成長できた。

生徒と共に成長できるから、教師の仕事は面白い。

2　学んだ分、生徒にも自分にも還元される

教員一年目は上手くいかないことの方が多かった。校務分掌の仕事に忙殺され、日付が変わってから帰

宅することも多かった。教材研究をする時間が取れなかった。当然授業は荒れた。学校に行きたくないと思うこともあった。

その時期を乗り切れたのは、ＴＯＳＳで学んでいたからだ。

「学び続けていれば必ず良くなる。」

そう信じて突き進んだ。

ＴＯＳＳ授業技量検定のＤ表二十五級は「学級崩壊したクラスで授業を成立させられる技能」だ。とにかく二十五級を目指して検定を受け続けた。

初受検から二年目、二十五級になった。その頃には授業が荒れなくなってきていた。「先生の授業面白いです。」と生徒から言われることも増えてきた。

学べば学ぶほど生徒のためになる。生徒の笑顔を引き出せる。そうすると、教師自身も元気になる。学ぶと教師の仕事が面白いと思える。面白いと思えるからさらに学ぶようになる。プラスのサイクルが回る。

向山コメント

数学のテストが百点満点で二点の高校生を指導し、五十二点をとるまでの指導が報告されている。そこには生徒と教師の言葉にならない努力があっただろう。ずっと教師の力不足と受け止めていたことが立派だ。教師の姿勢がすばらしい。

11　勉強が苦手な彼が、初めて百点をとった

東京都　藤橋　研

一　ずーっと百点がとれない

四年生の太郎ちゃん。彼は、漢字テストで、なかなか百点がとれなかった。一学期、最初の三回は全て零点だった。やる気がないわけでも、手を抜いているわけでもなかった。授業でも一生懸命、漢字の練習に励んでいた。それでも零点だった。

私は、幸いにもTOSSサークルに所属していた。セミナーや書籍で様々な指導方法を学んだ。あかねこ漢字スキルを用いた「指書き」「なぞり書き」「うつし書き」の指導方法も、その一つである。学んだことの中に、「一問テスト」があった。十問のうち、一問を選択し、それをテストする。これなら彼もできると思った。

彼と一問テストに取り組んだ。それでも、零点だった。しかし、変化があった。それは、正解に近い形での間違いだった。

「太郎ちゃん、惜しい。あともう少しだ。大丈夫だよ。」

と励ました。この調子なら一問テストで満点をとれると、兆しが見えた。一問テスト五回目にして、彼はやっと「百点」をとった。

「やったーーー！百点だ！」

と、彼は喜んだ。たった一問の漢字を正解するために、彼が要した時間は二か月だった。

二　百点への兆し

二学期も一問テストを行った。五回のうち、満点は二回だった。内心、このままで大丈夫だろうか、他に手はないか、と不安だった。

しかし、変化は突然おとずれた。六回目のテストにして八十点をとったのである。四月から数えて、十七回目のテストだった。「どうして？」と思った。いつも問題を選びに私のところに来るのに、その時は来なかった。

「太郎ちゃんすごいじゃん！」

と褒めたが、何か納得しきれなかった。その日から、漢字に取り組む彼の様子を注意深く見た。いくつか気付いたことがあった。

第一に、指書きのスピードである。四月に比べて明らかに速くなっていた。当初は、一画一画、ゆっくりお手本を見ながら書いている様子だった。

第二に、指書きの正確さである。まるで出鱈目に書いていた当初に比べて、正しく書けるようになっていた。この二点から、バラバラに見えていた線が、一つの集合体として捉えることができるようになったことが推測できた。「くさかんむり」であれば、バラバラに見えていた三本の線が、「くさかんむり」という一つの集合体として見えるようになった可能性がある。

第三に、テストの練習ページの取り組みである。こちらも、明らかに速さと正確さが向上していた。時間が掛かって、終えられなかったテストの練習ページも、授業時間に終えることができるスピード感が付いていた。

　これらの変化に気付けていなかった自分の力量の低さを恥じた。しかし、この調子なら、どこかで彼が自力で百点をとれる日が来るかもしれないと、明るい兆しが見えてきた感覚だった。

三　ついにドラマが起きた

　彼の点数の向上と共に、クラスの友達の声援も増した。

「すごい！　次は百点とれそうだね！」

「次こそいけるよ！」

「太郎、めっちゃ点数あがってるじゃん！」

と彼の背中を後押しするようになった。

　ドラマは三学期に起こった。三学期一回目の漢字テストで、彼が答案を見せに来た。自信がありそうだった。見た瞬間、私も嬉しさが込み上げてきた。

「百点！」

　と告げると、クラスで拍手が起こった。これまでの教員人生の中で最も長い拍手だった。

四　「先生になってよかった」と思える機会は増えている

　新卒時代、目の前に立ちはだかる厳しい現実に、何度も心が折れそうになった。子供たちが授業をつまらなそうに聞いている。自分とは違う感覚の保護者もいる。次から次へと事務仕事がくる。勤務時間内に仕事が終わらない。休日に出勤することもある。特に最初の三年間はそうだった。もちろん、「楽しさ」

や「やりがい」も感じていたが、「毎日が楽しい」という感覚にはなれなかった。

現在も苦しさを抱えながら仕事をしている。授業がうまくいかなかったり、困っている子供を前にして、自分の力不足が故に苦しい思いをさせてしまったりすると、落ち込む。

しかし、教員という仕事を選んでよかったと思える機会は、年を追うごとに増えている。その実感がある。それは、子供の変化を目の当たりにする機会が増えているからである。


前述した通り、私は幸運にもＴＯＳＳに出会うことができた。ＴＯＳＳのサークルやセミナーでは、指導方法について具体的に学ぶことができる。学んだことを実践すると、子供たちが変わる。

向山式跳び箱指導法で、今まで跳び箱が跳べなかった子たちが跳べたとき、クラスで歓声が起こった。跳べた子が日記に「幸せでした」と書いてきた。向山型算数指導法で、ノートに落書きばかりしていた子が、「わたし、自分でできる！」と言って、丁寧にノートに問題を解くようになった。

そういった、子供の変化や、それを共に喜び合える場面に出会えたとき、「先生になってよかった」と心の底から実感する。学ぶことで得られる教師のやりがいが、確かにある。

向山コメント

「たった一問の漢字を正解するために二か月」指導法をさぐり、子供の様子を注意深く見て、百点まで根気よく指導したことが素晴らしい。すばらしい教師への道を歩んでいるね。

12 「教師の喜び」は子供の成長の中にある

岡山県　岡　孝直

1、担任にしないでほしい

三年生を担任したときのこと。今でも鮮明に思い出す。

マイナスからのスタートだった

担任にしないでほしいと言われたのだ。男性ということで敬遠をされていたのかもしれない。しかし、私はそんな中で担任をすることになった。私は当時、講師をしていた。契約期間は夏で切れる。つまり管理職が「夏まで我慢してください。」と説得した上で許可をえた「担任」だった。

その子はトラブルに巻き込まれやすく、いつも落ち込んだ様子だった。することは一つだった。

とにかく「笑顔」でそばにいる

セミナーで学んだことがあった。ミラーニューロンがあるということ。

「教師が笑顔ならば、子供も笑顔になるのです。」

この子との時間は三か月しかないのだ。ならばとにかく、笑顔でいる。

時には褒めて、すごいな～と驚いて。若く、手法も足りない自分に、できることはそれだと思っていた。予想していたように、最初の方は細かなトラブルがたくさんあった。

クラスメイトがその子に対して冷たくする雰囲気も感じた。動じることはない。とにかく笑顔。休み時間の多くはその子とばかな話ばかりする。常にその子と自分が楽しそうに話していると、他の子もよってきて次第に三人、四人と増えてきた。いつの間にか、笑顔でみんなと話すようになっていった。

変化がおきたのは二か月後だった。その子が自分の前に立つ。そして腕の中に自分から入ってきたのだ。「先生をあやつるんだ！」そういって私の腕を引っ張りながら歩いていく。楽しそうだった。とても小さなことかもしれない。

しかし私はその様子を見て「大丈夫だ」と思った。変化はそこから早かった。笑顔になって話すことが増えたら、私の周りにいる子とも話すようになった。先生のそばで笑っていたのに、いつのまにか友達と笑っている。

徐々に距離が離れていった。

三か月がたち、夏休みに入る。一学期の最後の日。私は泣いていた。自分がやったこと、答えてくれたことが嬉しかった。そしてお別れなのだと自分の心の中でだけ思っていた。

驚いたのはここからだった。なんと夏休み中に産休に入った先生がさらにお休みされることになったのだ。夏休みまでで終わる予定だったのに、続けて担任をすることになった。

でもそれはまずい。約束がちがうじゃないか。当然そう言われると思った。保護者からの言葉は予想外のものだった。

先生に担任してほしいです。我が子も喜んでいます

結果、私は担任を続け、さらに持ち上がった。まるまる二年間、担任をすることになった。その子自身も周りの子とつながりを持ち始めた。いじめられやすいと言われていたその子が水泳で二十五ｍクロールに挑戦したとき、みんなで「がんばれ！」と応援し、泳げたらみんなで歓声を上げた。

教師の喜びは子供の変化にある

自分ではない。他者の成長にこんなにも喜びを感じられる仕事。それは人生の中でも数少なく、そしてなんとも言い難い感動だと思う。

後日談がある。

私はその子の卒業を待たずして、転勤することとなる。

転勤先の学校で私は卒業式の本番を迎えていた。担任していたあの子達も今頃卒業式を迎えているころだ。そう思っていたとき、職員室に帰ると不思議なことが起きている。

六年生担任でもない私の机の上に「花束」がおいてあったのだ。間違えたのか。と思っているとと花にメッセージがそえてあった。

三年、四年と担任をしてくださり、本当にありがとうございました。

我が子が変わったのはあの二年間でした。お世話になった先生に感謝をしたいと考えたとき、先生のこ

とが思い浮かびました。

自分がしたことは何だっただろう。私は振り返った。

ただ「笑っていた」だけだった。褒めながら。

それでもその子にとっては、一つの価値のあることだったのかもしれない。教師という仕事はうまくいかないこともたくさんある。力がないことに悔しさを感じ、うちひしがれる日もある。だけどそこには一言で簡単には言い表せない価値がたくさんある。人の人生に関わり、共に成長を感じることができる、本当に素敵な職業だと思う。ミラーニューロンを教えていただいたこと、学びを与えてくださった先生方に深く深く感謝したい。

向山コメント

「笑顔」の力を明らかにしたね。笑顔でいられることはそんなに簡単なことではない。本物だったから子供が変わり、保護者まで変わったんだよ。

13　人と人とのつながりから未来を創る最高の職業

神奈川県　久保田　昭彦

教師をしていて、子供たちと夢を語り合う時間が何よりも好きだ。

子供たちも夢を語ることが好きだった。ある子が私に向かって言った言葉。

「先生、私ね、将来のことを考えると胸がわくわくどきどきするの。」

この言葉を聞いて以来、毎年、夢を扱った授業を学年に応じて行っている。

六年生を担任した時には毎回『二十歳の自分へ』という未来への自分へ手紙を書く授業を行っている。

そして、子供たちの手紙を私が預かって、子供たちが二十歳になる年に手紙を送る。

ある年、六年生で担任した子はテレビ番組に影響を受けて『科学捜査官になりたい』という夢を持っていた。その子は、利発で明るく元気な子だった。算数も理科も得意だった。

その子がいる学年が二十歳になった時に、私がいつものように手紙を送る。

すると、その子からこんな手紙が届いた。

「すっごくお久しぶりです。お手紙、写真、素敵な思い出、ありがとうございます。（中略）私は今、教育学部で数学を専攻していて、小学校の先生を目指しています。将来、もし、先生になったら久保田先生も含め、私が関わってきた先生方とどこかで、一緒に働けること楽しみにしています。今年は二十歳の年なので、六年生のクラスみんなで会えたらいいなと思います。（後略）」

その子が、小学校の先生を目指していることを知り、とてもうれしかった。

科学捜査官ではなく、小学校の先生を目指していた。成長とともに夢は変わるものだ。

ちょうど、その頃、私の勤める学校では特別支援員の数が足りていなかった。教員を目指しているならばと思い、返信の手紙を書き、特別支援員で週に一度、働かないかと誘ってみた。すると、ぜひ、働きたいと快諾してくれて、特別支援員と教員という関係ではあるが教え子が望んでいた『一緒に働けることを楽しみに』ということが叶ったのだった。

また、その教え子から同じ大学の友達で教員を目指している子が数名いるので、その子たちも特別支援員で働けないかと頼まれた。

管理職にも相談してみると、ぜひ、働いてもらおうとなった。

教え子とのつながりが、さらに発展したつながりを生んでいく。

偶然ではあったが、そのつながった学生の中に、同僚の教え子もいたのだ。

正直、奇跡的な出会いとつながりに驚いたとともに、教師という人と人とのつながる職業の素晴らしさを感じた。

その教え子とのつながりから、当時の学年の同窓会も開かれた。

久しぶりに再会した教え子たちは、とても立派に成長していた。

小学校のころからプロ野球選手を目指し、今でも名門野球部でプロを目指している子。

地方の大学で一人暮らしをして、夢を追いかけている子。

高校を卒業し、福祉に関わる仕事をしている子。

すでに結婚して、子供を育てている子。

小学校を卒業してから一人ひとりに素敵な青春があり、すばらしい人生があるんだと、しみじみ感じた。

何よりもうれしかったことは、みんなが元気に生活していることだ。

教師として働いていればきっと誰にでもあるエピソードだろう。

しかし、その一つ一つのエピソードは教師にとっての大切な宝物だ。

教師という職業だからこそ得られる宝物だ。


昨今、教師の職業がブラックだとか人気がないとか言われている。

もちろん、大変なこともたくさんあるのは事実だ。

しかし、たくましく生きようとしている子供たちの人生の岐路に立ちあえる嬉しさがある。

子供たちが創る未来の一助となれるやりがいがある。

ある時、その教え子に
「どうして先生を目指すようになったの。」
と尋ねたことがある。
すると、教え子は
「小学校の時の思い出が楽しくて、忘れられなかったので。例えば、みんなで遊んだ休み時間や社会の時間にやった歴史カルタをすっごく覚えていて、先生目指そうと思ったんです。」

私たちが子供たちと関わる毎日が、きっと子供たちの将来につながっている。
だから、教師の仕事は面白い。

これまで仕事を通して、たくさんの子供たち、先生たちと出会ってきた。
そんな出会いに自分は教師としても人としても大きく成長させてもらった。
また、その出会いが多くのつながりを生んでいる。
これからもきっと、たくさんの出会いがあり、つながりが生れるだろう。
そんなまだ見ぬ出会いに思いを馳せて、これからも教師の仕事を楽しんでいきたい。

向山コメント

二十歳になる年に教え子に手紙をおくることが素晴らしい。小学校の時の楽しい思い出が未来へと繋がることもあるんだね。教師を目指してくれて嬉しいね。

14　教師一年目の出会いから、二十年越しのご縁

兵庫県　山根　麻衣子

一、嬉しい年賀状

今年のお正月、嬉しい年賀状が届いた。新卒一年目に担任したSくんのお母さんからだった。次の年には弟も担任し、二年間ご縁のあった家族だった。賀状にあった家族写真には、すっかり成長した彼らの姿と「長男が結婚しました。」というメッセージが添えられていた。当時まだ低学年だったSくんたち。彼らがこんなに大きく立派に成長しただなんてなんだか不思議な気持ちだった。感慨深さと二十年近くたった今でもこうして便りをくださるお母さんの心遣いに感動した。

二、新卒一、二年目

私は大学を卒業した後すぐ三年生を担任した。始業式で出会った子供たちはとてもかわいらしく、この子たちと素晴らしい一年にしようと思った。子供たちはよく懐いてくれた。けれども授業は全くうまくいかず反省する日々だった。

新卒二年目の春、職場の先輩に紹介してもらった学習会に参加し、五色百人一首に出会った。「子供たちが夢中になる」「男女仲のいい素晴らしいクラスになる」と教えてもらい、迷わず教室に持ち込んだ。子供たちはあっという間に夢中になった。そんな子供たちの姿に、私も五色百人一首にのめりこんでいっ

た。Sくんの弟もその中にいた。

　二学期の懇談会、Sくんのお母さんにこんなことを言われた。

「先生、どうして百人一首をしているのですか。」

私は何か良くないことがあったのかと思った。

「楽しくて子供たちも大好きだからです。…何かありましたか。」

と恐る恐る尋ねた。すると、

「最近、友達と遊びに行くときに五色百人一首を持って外に遊びに行くのです。前はキャラクターのカードを持って行っていたのに。」

「お兄ちゃんのときも、してほしかったです。」

とにっこり笑って言ってくださった。放課後、子供たちがそんな風に遊んでいたことに驚いた。

　今でも鮮明に思い出す場面がある。冬、休み時間に子供たちとストーブを囲んでいると、誰かが百人一首の上の句を口ずさむ。すると周りにいた子たちがすかさず下の句を言う。寒い寒い冬の日の心温まる思い出だ。

　新卒一、二年目。たくさん失敗をした。うまくいかないことの方が多かった。しかし、子供たちに恵まれ、Sくんのお母さんのような保護者に見守られ、私は地域や学校に育てていただいた。

　彼らを担任した後、私は他校へ異動した。Sくん一家も、引っ越して神戸を離れた。そのまま月日は流れた。

三、再会

再会の日は突然やって来た。ある日Sくんのお母さんとSNSでつながった。そのあとすぐSくんたちともつながった。彼らは大学生になっていた。

送られてきたメッセージには次のように書かれていた。

「お久しぶりです！　〇〇小学校のとき、先生のクラスだったSです。覚えていらっしゃいますか？ぼくはとてもよく覚えています。あのクラスは、小学校生活の中でもとても印象深く残っています。二年間、兄弟でお世話になりました。

先生、もうすぐ赤ちゃんが生まれるのですね。男の子なのですね。僕らみたいでしたら少しやんちゃなのは許してあげてくださいね。」

お母さんからは次のようにあった。

「先生、ご無沙汰しております。二人とも一八〇センチ超で…中身はともかく大きくなりました。それぞれ大学生活を楽しんでいます。

弟は高校生のとき古文が得意で、その理由を三年生の時に先生に百人一首を完璧に教えていただいたからだと言っていました。

〇〇小学校が良かったから、子供ができたら〇〇小学校に入れたいくらいだって。良い思い出がたくさんあって幸せです。」

幸せなのは私の方だ。Sくんたちとのご縁をつないでくれたのは、五色百人一首だった。このやり取りをきっかけにSくんたちとのご縁がまた続くことになった。幸せな教師生活のスタートだった。

四、教師の仕事はおもしろい！

授業のやり方、進め方すらわからなかった私は、五色百人一首以外にもたくさんのことをセミナーやサークルで教えてもらい、教室に持ち込んだ。楽しい音読のさせ方、暗唱指導、算数の難問、チャレラン…。学んだことを次の日に教室で子供たちにすると、子供たちはとても喜んでくれた。学ぶことが楽しくて仕方がなかった。

教師になってあっという間に二十年の年月が流れた。

「教師の仕事はおもしろい。」

私は今、自信を持ってそう言える。たくさん悔しい思いもした。涙も流した。挫折もあった。正直に言うと、「教師の仕事はおもしろい。」なんてとても言えない時期もあった。これからもそういう思いをすることはあるかもしれない。

それでも、そういったことを全て一瞬で吹き飛ばしてくれる幸せな出来事が、日常の中にたくさんちりばめられている。こんなに毎日をドラマチックに生きられる仕事はそうないだろうと思う。教師になって本当によかった。

向山コメント

私は母から百人一首を教えてもらった。百人一首は小学校を卒業してからも感謝されることが多い。教師が学び、情報を取り入れ、より実践を広げてくれることを願う。

15　微かな進歩の大切さを教えてくれたＡくん

茨城県　岡　城治

一　Ａくんの様子

新卒五年目、当時私の学級にＡくん（五年生男子）という男の子がいた。
動作はとてもゆっくりである。
特に字を書くことがどうしても遅い。
算数の計算スキルは一問コースを選んで百点をとる。
でも、問題は漢字スキルであった。
新出漢字の練習でなぞり書き、写し書きをする時、どうしてもスピードが上がらない。
テストの練習ページも十分でなぞり書きの一列終えるのがやっとであった。
テストも時間内に終えることができなかった。
そのため、他の子供たちよりも少し時間を与えて取り組ませていた。
それでも終わらないことがしばしばあった。
私もイライラすることがあった。
でも、その時点では、なぜ書くのが遅いのかわからなかった。
二学期までの毎回の得点は七十点前後。

「もういいや」と、テストを途中であきらめてしまうことがほとんどで、百点を取ることはできなかった。

二　Ａくんの鉛筆の握りに気付く

そんな折、参加したセミナーにおいて、鉛筆の握り方について、講師の先生から話があった。

私はその話を聞き、「はっ」とした。

もしかして、と思い、セミナー後、Ａくんの鉛筆の握り方を見てみた。

案の定、Ａくんの鉛筆の握り方は、セミナーで教えてもらった「ダメな握り方」の典型例であったのだ。

Ａくんの鉛筆の握り方は、自分の書いている文字が、自分の指で隠れて見えない。そのため、一つ一つの文字を書くときに、どうしても、ゆっくりになってしまうのだ。

すぐに、Ａくんに「鉛筆はこうやって持つんだよ」と手を取りながら教えた。

初めは、

「持ちにくいから、やだ」

と拒否した。無理もない。今まで馴染んできた持ち方を急に変えろと言われたのだ。すぐに馴染めるわけがない。

私が目を離すとすぐに元の握り方に戻ってしまう。

私は、励ましながら握り方を教えていった。

もちろん、Ａくんの保護者にも、Ａくんの鉛筆の握り方について「お家でも時々でよいので、声をかけてあげてください」と協力をお願いしておいた。

保護者からは、

「親である自分も気付かなかったことです。家でも少しずつですが、教えていきます」

と返事があった。

三　微かな進歩

効果は、少しずつ、少しずつ表れてきた。

「できねえよ、こんなんじゃ」

とぶつぶつ文句を言っていたAくんも、少しずつ鉛筆の握りが変わってきた。

まず、書く速度が、少しずつ上がってきた。漢字スキルの練習ページを十分間で、写し書きの一列を終わらせることができたのだ。小さな進歩だが、大きな成長だった。

今までどんなに頑張っても、十分間でなぞり書きまでしかできなかった。

「やったねAくん、今日はここまで書けたね」

と私が声をかけると、「ああ、まあ」と照れくさそうに笑いながら、Aくんは答えたことを憶えている。

私は、嬉しさもあったが、Aくんの鉛筆の握り方に気付かずに、ずっと見過ごして指導してきたことを、恥じる思いもした。

三　初めての百点

鉛筆の握り方を教え続けて、迎えた三学期。Aくんは最後までテストをやり遂げるようになっていた。

そして、二月に行った、漢字テスト。

Ａくんは、ついに百点を取った。

Ａくんにとって、初めての百点である。点数を発表した時、周りの子供たちから「おおっ！」という声と歓声が上がった。

Ａくんも照れくさそうに笑っていた。

微かな進歩が、大きな成長につながることをＡくんは、私に教えてくれたのである。

Ａくんとのエピソードは、教訓として今も心に残っている。

同時に、教師人生を歩んでいる、私自身も、職場の教師やサークルメンバーと共に、楽しく進歩を目指している。

向山コメント

医者は、症状の原因を探り処方してくれる。教師の仕事も同じことが言える。できない子、分からない子の原因を見つけ指導することが教師の仕事だ。

16　一つ一つ点を打ち続ければやがて線につながる

茨城県　桑原　和彦

一「神様からの宿題」～子供たちと出逢う前

ある年異動した。全校児童九十六名の小規模校。男性担任は、私一人。

「体育主任は間違いない。五、六年担任であろう」と予想していた。担任発表は三月中には無く、四月二日（月）の第一回職員会議にてあった。校長からの発表は何と二年。会議が進むにつれて事情を理解してきた。

昨年、相当問題のある学年であったのだ。（後にこれは学級崩壊だと理解）生徒指導の引き継ぎ中、この二年生は全十六名中、十一名が生徒指導に名前が挙がっていた。

前担任は、家庭専念を理由に退職された。担任中も学校を休んだり、保健室で泣かれたりしていたという。校長、教頭、教務をはじめ、算数ＴＴや養護教諭、二年担任も教室に入っていたそうだ。ひどいときには一つの教室で指導できず、校長室や空き教室を三つに分けて授業をしていたこともあるという。保護者も、授業参観のひどさに、驚き、参観日以外にも教室を見に来る親も出てきた。このような伝達を受けて、教頭から「でも良い子らだから真っ白な気持ちで接してください」と言われた。

「これは神様からの宿題に違いない」と決意。すぐさま、始業式までの準備を本格的に開始した。

異動したてで、学校のシステムが理解できないので後手後手に回る滞りもあった。しかし、子供たちのことが優先と仕事のピッチをあげた。

主にしたことは、ＴＯＳＳの黄金の三日間である。子供の名前を覚えることから始めた。指導要録や健康調査票、家庭環境調査票に目を通し必要事項をノートに書き込んだ。教材は、単学級の特権で全ＴＯＳＳ教材を採用し注文。学年便りや教室環境の作成。特に教室内は、徹底してチェックした。ゴミ箱は前に配置。余計な掲示物ははがす。投げられそうな物を排除。教卓を窓際に移動。それからノートづくり。学級経営で子供たちに伝えること、各教科の授業開きや教材研究をコピーし、書き込んだ。

そして望んだ初日は、想像以上であった。

二　驚愕の初日！　学級崩壊を体験

いよいよ初日。始業式後、子供たちを教室に連れて行く。他学年の子から

「先生、二年生大変だよ」

と声かけられる。子供たちは並んでついてくると思ったらとんでもない。通路ではない、室内履きで外の道をショートカットして一目散に走り出す子が半数。教室に入る。ランドセルや手提げ袋が教室の床中に散らかっている。

とっくみあいを始める子、お絵かきを始める子、それぞれに群がり緊張感など無い。私は笑顔を保ち「席に着きます」と全体に言った。

真面目な女子の四、五名が席に着いた。あとは知らんぷり。一人一人歩み寄って、席に着くように指示。これも大変。一人ずつ座らせてもまたすぐ離れる。あるいは一瞬こちらを見ても無視。全てにおいてだが、「教師の威厳が通じない」「素直に聞かない」のだ。常識だと思う行為が伝わらない。

ただただ座らせるのに、にらみも入りつつ十分くらいかかったのではないか。聞いていた話よりも状況は悪いと感じた。子供たちの名前を呼ぶ。返事ができない子がいる。「あー」とか「ほーい」とか、ひどい子は「いいえ」と言ってきた。

ある子供は無気力、怠惰で、やだねやだねの連発、目がどんよりしている。ある子供は甘えん坊でべったりと私にしがみつき、こんにゃく状態。アドバルーン出まくりだ。一つ一つ言い直しをさせるが、当然テンポよく行かず隙が生じる。そこをついて、私語が始まり、徘徊、机に立ち上がる、棚によじ登る、黒板落書き…。一部の子供の乱れではなく、全体が乱れているので集団力が働かない。

すぐにそのあとが始業式。当然、子供の席に張り付き。

一年生に向かって「死ね死ね」「ちっちぇー、だせい」「ばかばか」と言う子らが三名。イスに登る、ガタガタさせる子が三名、常時おしゃべりが三名。ひたすらそばにいてなだめるが、通じない。「シー」と指を一本立てても、「二?　三?」と、とぼける。止めない。

私は、張り付きで居たが、手が回らず他の先生もヘルプに来るが沈静化するのはホンの数秒。これほど私自身、始業式を聞かないで、子供をなだめたことはない。学級崩壊とはこのような状態だろうと実感。

帰りの用意もダラダラ。きちんとしている女子数名が早く、後は用意しようとしない。早い子に高い高いをしてあげた。すると「やって!」とやんちゃが来た。「帰りの用意が終わった子だけができます」と切り返した。駄々をこねるが、ニッコリと同じ言葉を繰り返し伝えた。

それで、若干、帰りの用意をする子が増えた。これが一日目の中で、唯一手応えのあった瞬間であった。

「大変でしたね」「男の先生が担任で舞い上がっていた」と先生方に声掛けられる。

三　アドバルーンとの闘い～黄金の三日間で変容

二日目、三日目も必死でアドバルーンに対処した。一分一秒も見過ごせないという構えであった。すべてTOSS実践の原則に基づいて対処するというシンプルな行為の繰り返しであった。

知的な授業など申し訳ないが展開できなかった。しかし、数ミリずつではあるが子供たちは、変容していった。

①　趣意説明をし、取り組ませできたら誉める。ちょっとでもやろうとしたらその行為を誉める。

②　無くしたい行為を無視するのも、崩壊状態では膨張させることになる。変化のある対応で対処。全体の前・その子の前・にらむ・トントンと指を机に叩き気付かせる・隣の子を誉めるなど。

③　トラブルは、まず教師が謝る。

「ごめんね。A君は、本当は叩こうと思っていなかったんだけど、つい叩いちゃったんだ。」

その後、本人に謝らせる。あるいは一緒に謝る。両者の場合は喧嘩両成敗。

④　毅然と失礼な行為は突っぱねる。

「もういいや…」と心の折れる場面が多々ある。しかし、そこを奮起し毅然と対処しなければならない。分からないなら教えなければならない。

⑤　最低限やっている行為を認め、後は長いスパンで対処していく。

イスに座っていれば良いとし、落ちている物があれば、教師が拾ってやり、教科書がめくれなければ教師がめくってやればよい。

⑥　笑顔を絶やさない。

心が折れてくると、ついつい笑顔の消える場面に陥る。

⑦　ＴＯＳＳ教材が子供を勉強させる。
この子たちが、静かに取り組んだのは「暗唱直写スキル」であった。写すというシンプルな行為と綺麗に書けるという事実が雰囲気をうみ出した。

熱中させたのは「五色百人一首」。やんちゃしながら楽しんでいた。
⑧　授業が勝負。
授業をしながらしつけやルールを一つ一つ入れていくというイメージである。

三日目の放課後には、前から居る先生方より次のような言葉を頂いた。

「どんな魔法をかけたのですか？　去年と全然違います」「季節はずれの雪が降るよ。あの子たちが掃除しているなんて。」「五時間目に席に着いているなんてビックリ」「桑原マジックだね。テンポが良いから子供たちのせられている」

親からも感謝の電話と手紙をもらった。

ＴＯＳＳの実践でなければあり得なかった。人を教える仕事の難しさを感じつつ、それを上回る充実感、達成感がこの仕事にはある。点を打ち続ける事で、やがて線になる。四年後、この子供たちの卒業式。成長した姿を見た時、教師の尊い仕事を痛感した。

向山コメント

新年度初日、教師と子供の出会いは様々だ。教師は万全の準備をして教育活動をスタートさせる。それでもうまくいかない時もある。でも教師があきらめさえしなければ必ず、小さな変化が起きるはずだ。

第三章

百回生まれ変わっても教師になりたい

——新聞（共同通信）連載記事　師尾喜代子——

1　やんちゃよりやんちゃの指導力（明るく封じ込める）

そうじの時間、振り向くと、椅子が宙に舞った。

五年生の時に荒れていたクラスに、六年担任として飛び込んだ。五年生担任は四十代男性中間管理職にあたる教師だったが、クラス経営は上手くはいかなかった。

力で封じ込めることはできなかったのだ。


一日目が肝心だと、授業の準備をした。漢字指導も、百人一首も、社会科の資料の読み取りも
子供たちは、良く反応し、楽しそうだった。

その日の帰り、

「今日、一日楽しかった人？」

と聞くと、ほとんどの子の手が挙がった。

「楽しくなかった人？」

案の定、やんちゃ三人が手を挙げた。

（きた！　きた！）

このままにしては女が廃る。

「三人は楽しくなかったのね。残念だわ。じゃあ、もう一度、楽しかった人？楽しかった人だけさようなら。楽しくなかった人は、もっと一緒に勉強しよう。」

「ええっ！　せっ、先生、楽しかったです。」

やんちゃたちがあわてて、前言を取り消す。か弱き女性教師がやんちゃに勝利した瞬間だ。

クラス中大笑い。そしてすぐさようなら。やんちゃたちは、疾風のように素早く教室から出て行った。

「やんちゃより、やんちゃになる」その年の私の指導方針だった。


指示は短くないと通らない。「すわれ」「だまれ」「やめろ」の毎日。

気の抜けない日々だった。学園ドラマのように上手くはいかなかった。

荒れたクラスが落ち着くまでに六月の上旬までかかった。

卒業文集に「このクラスから皆といっしょに卒業できることがうれしい。」と書かれた文を読んだ時は、涙で文字がぼやけた。


この子たちは、このクラスが好きだったのだ。

2　みんな違ってみんな成長する――発達障害児とともに

教室で一日中、洋服をかぶっている子がいた。大きな体を小さく丸めてヤドカリのようだった。高機能自閉症と診断されたK君を5年で担任することになった。

クラスメートと話したり、遊んだりすることはほとんどなく、友達の名前も覚えていなかった。

直写教材（トレーシングペーパーで写し取る暗唱の教材）を始めた時は、

「紙の下に見える文字の通り写してね。」

と短く指示しただけで書き始めた。この方法なら、作業記憶（ワーキングメモリー）がほとんど必要ない。

教師が、

「算数の教科書を出して○ページの△番をやりなさい。できたら先生のところに持ってきて、丸つけをして貰ったら、本を読んでいてもいいですよ。」

と指示する場合がある。この指示には、6つの作業記憶が必要となる。

発達障害の子供は、何をしたらよいのか分かりにくい。最後の「本を読んでいいですよ。」だけが頭に残り、本を読み始め、叱られることもある。

直写は障害を埋める教材だった。驚きだった。さらに書き終えると、蚊の泣くような声で、「平家物語」「枕草子」等の暗唱を始めた。「すごい、すごい。」とたくさん褒めた。


一学期末、母親と面談した。漢字がきれいに書かれた彼のノートを見て、

「信じられません。」

と母親は言った。

なぜ、K君が変化したかについて、母親は次のように分析した。

「先生の指示は短く、理解しやすいと思います。」

母親もその日から変わっていった。

それまで欠席していた授業参観に来るようになった。話す時にも笑顔が出てきた。

校内スピーチ大会で、前に立つことさえ嫌がっていたK君が、皆の前に立って話をした。

洋服だけでなく、心の殻を1枚脱いだ二年間となった。

3　書く力は分析力から

「先生、花壇にお星様が落ちているよ。」

みんなで花壇に見に行く。

「本当だ！」

子供たちが叫んだ。丈の短い黄色のクロッカスが咲いていた。

低学年の子供の表現は具体的だ。「花がいっぱい咲いている。」と言うより、「赤や黄色のチュウリップがならんでいる。」と書く。

書くことは楽しい。何を書いたらいいか分からない人は、まず、目の前の物について、良く見て分析するとよい。一年生の表現が、生き生きとしているのは、分析が具体的だからだ。

学校で「分析して書く」ことを教えたことがある。一つのものをよく見て、「分かったこと、気がついたこと、思ったこと」をなるべく多く、一文は短く書く。ノートなど目の前のものでよい。暫くすると、目に見えないことまで書くようになる。

「丸をたくさん貰って、先生に褒められたノートです。」など。

その指導から日記が激変した五年生の男の子がいた。

「オムレツ」の分析が大学ノート見開き二ページにわたって書き綴られていた。

「トローリとろけだしたチーズ」「たまねぎ、トマト、絶妙な色と歯応えの組み合わせ」オムレツがいかに美味しく、大好きか伝わってきた。

また以前、国語の教材に関連して、「ブルーチーズ」について作文させたことがある。

教師が持つブルーチーズの近くにきただけで「くさい」と大騒ぎ。つま楊枝の先にほんのちょっと刺し、試食。ほとんどの子が「まずい」と顔をしかめる。中には「おいしーい。」と言う子がいるからもっと盛り上がる。

「まずい」「くさい」を使わないで、作文を書かせる。個性的で面白く、その日のうちにミニ作文集にして家庭に配付した。

事実（エピソード）の分析で、作文のスキルアップが楽しくできる。

4　評価・評定を受け入れた時に向上する

ハンコ一つで、子供は向上する。保護者会でもハンコの意味を説明する。

私が使う蝶のハンコは、不思議なほど、子供を向上させる力がある。

漢字スキル、作文、新聞、すべての作品はこのハンコの数で評価される。

蝶ハンコが一つなら「合格」、二つなら「すごい」合格の上の評価となる。

さらに、緊張感を与えるために書き直し、やり直しのハンコ（師尾の文字のハンコで、「恐怖のもろちゃんハンコ」とよんでいる。）を用意してある。

なぜ、そんなことでと思うかも知れないが、六年やんちゃでさえ、どうしても蝶のハンコが二つほしくなる。

その理由ははっきりしている。ハンコの数が評定になっているからだ。努力の指標が見えるからだ。

ハンコが一つしか貰えないと、

「どこを直せば二つになるの。」

と一年生でも聞いてくる。

「正しく書けているけど、ますの大きさに合わせて、もっと大きく書くと二つになるよ。」

と言うと、張り切って直してくる。そのうちに、二つのハンコの数を数え出す。努力がたまっていくのが見えるからだ。


全員に花丸を付ける教師は多い。「頑張ったね。」の評価だ。

子供は勿論、花丸を喜ぶが、評価だけでは子供は向上しない。

「みんなの前で評定するなんて、子供がかわいそうだ。」

「低い評定は子供のやる気をなくす。」

という教師や保護者がいるが、それは間違いだ。

子供はそんな柔ではない。

子供は、評定を楽しむことができる。競争心ばかりかきたてるのはよくないが、子供を明るく、
評定するのも教師の仕事である。
評定を納得し、受け入れた時、子供は大きく向上する。

5　保護者参加型授業参観

今から十年以上前、３年生の総合で、今流行っている遊びと昔の遊びを調べさせた。グループで、プレゼンソフトをつかってまとめ、授業参観で発表させた。

その後人気のある今と昔の二つの遊びを選び、「五十年後に残っている遊びはどちらか」という討論をした。

今の遊び「テレビゲーム」ＶＳ昔の遊び「百人一首」となった。

それぞれ支持する遊びを決め、理由を考える。

「頭を使う」という論点では、ほぼ互角。

保護者には、討論の様子を暫く観てもらい、次は、保護者にも討論に参加してもらう。

保護者も意見が分かれる。１／３はゲームが50年後の遊びとして残っていると言う。父親が、

「理由は、コンピューターの時代がさらに加速する（使われる）。」

という。ゲーム派の子供たちは拍手で応援する。

クラス一やんちゃは勿論ゲーム派、やんちゃくんの母親は百人一首派と別れた。母親が
「発表にもあったように、７００年以上も続いた日本の遊びですから、今後も続くし、伝えていってほしい。」

と意見を言う。ここでやんちゃが空かさず、

「母さん、昨日もぼくのゲームを取り上げて自分が、やってたのはなぜですか?」

明るい親子対決ムード。飾らない意見のやり取りが続いた。親はさすがに良い意見を言う。その意見を聞くのも良い学びだ。チャイムが鳴ると
「後は家でやろう。」

と声がとぶ。授業参観の感想がたくさん届いた。
・子供たちの考えを聞き、母親の私も討論に夢中になってしまった。
・新入社員みたいで、発表がかっこよかった。
我がクラスの授業参観は、保護者も意見を求められることを覚悟して参加する。これが結構はまるらしい。

6　読み聞かせは

教室で、一年生に「小さい頃、読み聞かせをしてもらいましたか。」と聞いたら、9割の子供たちが、「読み聞かせをしてもらった。」と答えた。

地域にもよるだろうし、頻度も異なるだろうが、多くの家庭で、「読み聞かせ」を行っていることが分かる。

多くの子は、夜寝る時に本を読んで貰っていた。

「本を読みながら、お父さんが、寝ちゃったよ。」

報告する子供の笑顔を見ているお父さんの様子が微笑ましい。

「読み聞かせ」は、お父さんのひざの上で、お母さんの胸の中でと、様々なかたちがある。

幼い子供は、同じ本を何度も繰り返して読むことが好きである。多くの子が、お気に入りの本を持ち、ボロボロになるほど繰り返し読み、やがて覚えてしまう。

「読み聞かせ」が親子の絆を深めるのにとても良いことはだれでもが知っている。また、じっと耳を傾けて聞く力や、聞いて場面を想像する力、語彙力など、様々な力が養われる。

新学習指導要領の中の小学校低学年の内容にも、「昔話や神話・伝承などの本や文章の読み聞かせを聞いたり、発表し合ったりすること。」と明記されている。

日本の五大昔話は、「桃太郎」「花さか爺さん」「猿蟹合戦」「かちかち山」「舌切雀」である。以前この昔話について調査をしたことがあるが、「桃太郎」はよく知られていて、子供たちは話の筋まで話すことができる子が多かった。それに比べて、かちかち山や舌切雀は、題名すら知らない子が多くいたことが分かった。

文科省の方針は、そうした傾向を補うかのようである。

今、多くの学校で、保護者ボランティアによる読み聞かせが行われている。

子供たちに様々な分野の本と触れさせたい。

7　学習システム

担任した教え子の保護者から感謝されることが漢字の習得システムだ。

漢字の覚え方は、

①読みを覚える。

②筆順を声に出して、指書きをする。

指書きのポイントは何も持たずに、机の上に書くことだ。覚えたら、

③鉛筆を持って、なぞり書きをする。

④漢字テストのための自分テストをする。

⑤間違っているところだけを指書きし、再度覚えなおす。

この方法が普通の漢字の覚え方とどこが違うかというと、覚えていない漢字・間違えた漢字だけを再度

覚えなおすというシステムにある。

学校では、漢字ノートに一ページ、二ページと宿題を出す教師が多い。

この宿題の出し方では、ただひたすら書くだけで、覚えるシステムにはなっていない。

子供によっては、「木（きへん）」や「イ（にんべん）」を縦にずらっと書き、後から部首以外を書く子もいる。

漢字だけではない。どの教科もプリントやドリルなどを学習する時に、自分で答えを合わせ、丸つけをしただけで、やった気になってしまう場合が多い。丸つけで、終わってしまっては、力は、ほとんど付いていない。

丸つけは、できているか、できていないかをチェックしただけにすぎない。できなかったところを覚えて初めて、その学習が身に付く。

厚いテキストを何冊もやるより、薄いテキストをチェックしながら、できなかったところの学習をするのがよい。

高校入試、大学入試も、何冊も問題集を買い、一度解き、丸つけをし、勉強した気になっている場合が多いがポイントを外している。

小学校のうちなら、保護者が、食事の時に「テーブルテスト」と言って、鉛筆を持たずに、食卓のテーブルの上で、問題を出し、指書きで書かせるとよい。何度も練習させるより効果がある。

8　食卓教育

給食の時間に、家庭の食卓の様子が見える。1年生でも、とても上手にご飯を盛りつけたり、熱い味噌汁を手際よく配膳できたりする子がいる。

反面、配膳台を拭く時の雑巾をお団子のように絞る子、お箸を握りしめるように持つ子もいる。

食べ方にも家庭が透けてみえる。

私が子供だったころは、「ご飯粒を一粒も残してはいけませんよ。」と言われたものだったが、片づけたお皿の中にご飯がいっぱいついたままの子が多い。

「お箸の持ち方をおうちの人に教えて貰ったことがある人。」

と一年生に尋ねてみた。

二十八人のうち、二人は教えて貰った記憶がないと答えたが、多くの子が家で、教えて貰っていた。ほかにも「ひじをつかないで食べる」「お皿（茶碗）を持って食べる」「口の中にいれたままおしゃべりしない」「食事中は、口に手をあてて話す」など、食事のマナーは、「しつけ」として、かつては家庭で教えられてきた。

２００６年に改正された教育基本法では、「家庭教育」について、はっきりと明記されている。

さらに、「父母その他の保護者は、子の教育について、第一義的責任を有する」とし、責任にまで及んでいる。その具体的な義務として「生活のために必要な習慣を身に付けさせる（略）」となっている。

「家庭教育」がこのように法律にまで明記されるようになったことで、学校教育は、家庭教育の連携を求めることがしやすくなった。

私は、学校で、家庭教育の素晴らしさをみた時には、家庭に手紙を書くことにしている。

「ほうきをとても上手に使い、階段を掃いていました。素晴らしいです。」

「お味噌汁は配膳が難しいのに、とても手際よく配っていて、驚きました。」

「いつも、大きな声で、お返事ができますね。」

家庭からは、子供をよく見てくれてうれしいと感謝の返事が届く。

しつけは、結局は親の子供へのかかわりの深さの表れである。

子供の家庭での過ごし方が豊かになれば、子供の情緒は安定し、学習にも集中できる。

9　勉強が出来るために

一対一で指導すれば、ほとんどの子が理解できる。

それが三十人のクラスの中の一人になると俄然理解力が落ちる。それは、授業中、教師が、「ノートを出しなさい。」と言った時にノートが出ていない。「何ページを開きなさい。」と言った時に開けないことと関係がある。

私は、一年生にも六年生にも、勉強が出来るようになるためのコツは一つしかないと言っている。

それは、「先生の言う通りにすること」。ノートを出しなさいと言われたら、すぐノートを出すこと。

「赤鉛筆を持ちましょう。」と言ったら、すぐ、筆箱の中から赤鉛筆を取り出せること。

この時に、「赤鉛筆がありません。」「芯が折れているので削らせて下さい。」と言う子は流れに遅れをとる。だから、学習用具がきちんとしていることは、勉強ができるようになることと関係がある。

「ノートを出すのは難しい？」「赤鉛筆を出すことは難しいことですか。」と聞くと「簡単。」と言う。

しかし、授業を進めていると、いつの間にか、その簡単にできる事がおろそかになる勉強以前のことはそれだけではない。

「教科書○ページを開きなさい。」「読みなさい。」授業は、この繰り返しである。行動が追いつかなくなってしまうことが理解できなくなるはじまりである。

脳は目と耳から情報を受け取り、行動にうつすが、これは日々の生活の中で育てられている。それは、毎日の当たり前の行動ができているかどうかと関係している。

お手伝いしている子は、行動もはやい子が多い。多くの経験や体験の中から必要なことが生かされ、行動できるのだ。

日常の会話も大切である。言葉を最後まで言わせていると最後まで聞く習慣がつき、理解がはやく、早合点も少ない。子供の言いかけた言葉をさえぎると最後まで、言わない、聞かない子になってしまう。

教師も、保護者も「よく、お話を聞いていないと分からなくなりますよ。」と子供に注意するが、子供は、自分ではお話をよく聞いていると思っている。

情報を受け取り、行動することは、まさに日常生活そのものである。

10　百回生まれ変わっても教師になりたい

私は教師になりたくてなりたくて、夢をかなえて教師になった。毎年三月別れの季節になると、一年間向き合った子供たちとの出会いに感謝する。

子供たちは知的なことが大好き、そしてみんな優しい。

私が担任した子たちは、何年生でも肩もみがすごく上手になる。保護者に感謝されるほどである。

「あっ、そこそこ。」

「親指に力入れて」

一年生のやんちゃ君の小さな手に力がはいる。

六年生になると代金を支払いたいくらい上手い。

「お小遣いあげたい気分。」

「本当?」

「勿論。あげたい気分。」

「なあんだ。」

会話が楽しい。

そんな楽しい毎日ではあるが、教師の仕事はまさに格闘技。一人一人が違った個性をもつたくさんの子たちに囲まれている。どうしたら、その子たちの力を発揮させられるか悩み、考え、策をねる。

「格闘技」は勝たなければならないが、圧勝することはない。何度倒れても、立ち上がればいい。その時は失敗だと思ったことも十年後、教え子から便りが届き、小さな教えがその子に届いていたことを知ることもある。

最近、叱る時も褒める時も「大好きだよ。」と言葉に出してよく言うようになった。子供との格闘で、距離を縮めるまほうの言葉である。

格闘は、子供たちとだけではない。自らの力量を上げるための闘いでもある。教材研究という格闘もある。教師自らが学ぶ姿勢を見せなければ子供たちはついては来ない。

保護者が格闘技の相手になることもある。時には、同僚の場合もある。傷ついても立ちあがる強さと、誠実さとすこしの「鈍さ」があれば乗り切れる。

「教師」の夢を追いかけ、手に入れ、教師生活を終えようとしている今だから、様々なことが見えてきた。

百回生まれ変わっても教師になりたい。

あとがき

師尾　喜代子

　今でも月に一回、教師たちが集まり勉強会を開いている。そこでは、様々な情報が出される。

　各県の教員採用試験の倍率が話題になり、教師志望者数が激減していることを知った。テレビなどのマスコミも、子供たちが将来なりたい職業について話題にしていたが、とにかく「教師」という職業への人気も昔と比べ大きく下降している。

　教師である私たちとしては、楽な仕事だとは言わないが、やりがいもあるし、楽しい仕事であることをもっとアピールしたいものだと話し合っていた。

「教師の仕事が面白い」と思っている人たちの声を集めて出版するために、行動を起こした。

　ＴＯＳＳ教師が参加するＴＯＳＳ ＳＮＳに「教師の仕事が面白い」というタイトルで原稿を募った。一月十四日に発信し、月末締め切り。二週間ほどの期間にどれだけの応募原稿が来るだろうかと思っていた。二週間で予想を上回る四十七本の原稿が集まった。

　向山洋一先生に原稿を読んでもらい、評定してもらった。ＡＡ・Ａ〇・Ａ・と向山先生の評定はよいものが多く、Ｂさえなかなか付かなかった。

「どれも面白い！」

との言葉を頂いた。選考を重ね、そしてやっと四十七本から十六本が選び出された。どの原稿からも「教師の仕事」を選んでよかったという思いが伝わってきた。そこには、教師の知恵や工夫、努力を読み取ることができ、「教師の仕事が面白い」というテーマが貫かれている。

長谷川先生のダイナミックな実践報告は、教師の仕事が面白いという極致のドラマだ。長谷川先生にＳＮＳのダイアリーからの抜粋の許可を願いでて、第一章とした。

第三章には、私が退職の年に新聞連載した十回の記事を掲載することにした。新聞記事の時のタイトルは「教師の仕事は格闘技」というタイトルだったが、「教師の仕事が面白い」ことを強調したい本なので連載最後の「百回生まれ変わっても教師になりたい」というタイトルにした。校正してくれた板倉先生からの貴重な意見だった。

「教師という職業がなくなる」とも言われる時代の中だが、教師を志す方、現職教師の方が「教師の仕事が面白い」と実感することができることを願っている。

【編著者紹介】
向山 洋一
TOSS 最高顧問・元日本教育技術学会会長。東京都出身。東京学芸大学社会科卒業後、東京都大田区の公立小学校教師となる。NHK「クイズ面白ゼミナール」教科書問題作成委員、千葉大学非常勤講師、上海師範大学客員教授などの経歴をもつ。『新版　授業の腕を上げる法則』（学芸みらい社）他著書論文多数。

【著者紹介】
長谷川 博之
TOSS 副代表。早稲田大学卒業後、埼玉県公立中学校教師となる。日本教育技術学会事務局長、NPO 法人埼玉教育技術研究所代表理事。全国各地の学校や諸機関から依頼を受け、講演や授業を行っている。『中学校を「荒れ」から立て直す！』（学芸みらい社）『長谷川博之の圧倒的実践日誌』（教育技術研究所）他著書論文多数。

教師の仕事が面白い

2023 年 6 月 30 日　第 1 版第 1 刷発行

編著者　向山洋一
著　者　長谷川博之・師尾喜代子・稲葉竜也・尾川智子・林健広・小林正樹・原順子・赤塚邦彦・坂本佳朗・溝端久輝子・栗山誉礼・海老井基広・藤橋研・岡孝直・久保田昭彦・山根麻衣子・岡城治・桑原和彦
表紙イラスト　ニシハマ　カオリ
校　正　板倉弘幸
発行者　師尾喜代子
発行所　株式会社　騒人社
〒 142-0064 東京都品川区旗の台 2-4-11
TEL 03-5751-7662　FAX 03-5751-7663
会社 HP　URL:http://soujin-sha.com/
印刷・製本　日本ハイコム株式会社

ISBN978-4-88290-097-9